TOP **10**
ISTANBUL

MELISSA SHALES

DORLING KINDERSLEY

Links **Tor der Glückseligkeit, Topkapı-Palast** Mitte **Mehter-Kapelle** Rechts **Blaue Moschee**

EIN DORLING KINDERSLEY BUCH

www.dk.com

Texte *Melissa Shales*
Fotografien *Antony Souter*
Kartografie *Simonetta Gori,*
Dominic Beddow (Draughtsman LTD.)

Zuerst erschienen 2007
bei Dorling Kindersley Ltd., London
A Penguin Company

Für die deutsche Ausgabe:
© 2010 Dorling Kindersley Verlag GmbH, München

Aktualisierte Neuauflage 2011 / 2012

Programmleitung *Dr. Jörg Theilacker,*
Dorling Kindersley Verlag
Übersetzung *Annika Schroeter, München*
Redaktion *Birgit Walter, Augsburg*
Schlussredaktion *Philip Anton, Köln*
Satz und Produktion *Dorling Kindersley Verlag*
Lithografie *Colourscan, Singapur*
Druck *Leo Paper Products, Hongkong, China*

ISBN 978-3-8310-1668-6
1 2 3 4 13 12 11 10

Die Top-10-Listen in diesem Buch sind nicht nach
Rängen oder Qualität geordnet. Alle zehn Einträge
sind in den Augen des Herausgebers von gleicher
Bedeutung.

Inhalt

Top 10 Istanbul

**Die Informationen in diesem
Top-10-Reiseführer werden regelmäßig überprüft.**
Wir haben uns intensiv bemüht, die Informationen in diesem Buch zum Zeitpunkt
der Drucklegung auf den neuesten Stand zu bringen. Angaben wie Telefonnummern,
Öffnungszeiten, Preise, Ausstellungen und Fahrpläne unterliegen jedoch Veränderungen.
Der Herausgeber kann für eventuell hieraus entstehende Schäden nicht haftbar
gemacht werden. Für Hinweise, Verbesserungsvorschläge und Korrekturen ist
der Verlag dankbar. Bitte richten Sie Ihr Schreiben an:
Dorling Kindersley Verlag GmbH
Redaktion Reiseführer
Arnulfstraße 124
80636 München
travel@dk-germany.de

Links **Großer Basar** Mitte **Dolmabahçe-Palast** Rechts **Aussicht von der Sülemaniye-Moschee**

Links **Deesis-Mosaik, Südempore, Hagia Sophia** Rechts **Anatolische Festung**

TOP 10
ISTANBUL

TOP 10 ISTANBUL

TOP 10 Highlights

Istanbul ist eine der reizvollsten Städte der Welt. Die seit über 5000 Jahren bewohnte Metropole besitzt eine reiche Geschichte. Sie war Hauptstadt zweier mächtiger Imperien – des Byzantinischen und des Osmanisches Reichs. Für die Besichtigung der Hauptsehenswürdigkeiten benötigt man wenige Tage. Die moderne Metropole lockt jedoch mit zahllosen weiteren Attraktionen, Clubs, Restaurants und Läden. Für die Erkundung Istanbuls reicht ein Besuch kaum aus. Wer wiederkehrt, wird von den faszinierenden Facetten der Stadt stets aufs Neue begeistert sein.

1 Topkapı-Palast
Der für den Sultan, dessen Ehefrauen, Hunderte Konkubinen und Tausende Bedienstete errichtete Palast war königliche Residenz und Regierungssitz des Osmanischen Reichs *(siehe S. 8–11).*

2 Hagia Sophia
Die Kirche, eines der ältesten Wahrzeichen des Christentums, besteht seit 1500 Jahren. Das architektonische Meisterwerk überdauerte Brände, Kriege, Erdbeben und den Niedergang zweier Weltreiche *(siehe S. 12).*

3 Blaue Moschee
Die von Ahmed I. errichtete Moschee zählt zu den berühmtesten Gotteshäusern der Welt. Die Iznik-Kacheln im Inneren gaben der Moschee den Namen *(siehe S. 14f).*

4 Archäologisches Museum
Die hervorragende Nationalsammlung der Türkei wurde Mitte des 19. Jahrhunderts angelegt. Die Ausstellungsstücke umspannen das gesamte Osmanische Reich. Des Weiteren sind Artefakte aus Babylon, Syrien, Ägypten, Griechenland, Rom und Persien zu sehen *(siehe S. 16).*

5 Großer Basar
Seit der Renovierung eher Shopping Mall als Markt, besitzt der Große Basar dennoch authentisches Flair. Die farbenprächtigen Auslagen locken Käufer und Fotografen an. Der Basar am westlichen Ende der Seidenstraße bietet, was das Käuferherz begehrt – von Hereke-Teppichen bis hin zu Seidenpantoffeln *(siehe S. 18f).*

6 Süleymaniye-Moschee

Der Architekt Sinan schuf für den bedeutendsten Herrscher des Osmanischen Reichs Suleiman I. mehr als 300 Bauwerke. Die imposante Süleymaniye-Moschee ist ein Meisterwerk *(siehe S. 20f).*

7 Erlöserkirche des Chora-Klosters

Das beeindruckende byzantinische Bauwerk weist über 100 wunderbare Mosaiken und Fresken mit biblischen Motiven aus dem frühen 14. Jahrhundert auf *(siehe S. 22f).*

8 Çemberlitaş-Bad

Das traditionelle Dampfbad sorgt nach Besichtigungstouren für Entspannung. Gäste genießen in dem von Marmorkuppeln gekrönten Bau auch belebende Massagen. Ein Besuch bietet Einblick in einen wichtigen Bestandteil der türkischen Kultur *(siehe S. 24f).*

10 Schifffahrt auf dem Bosporus

Besucher erleben auf den gemächlichen Fahrten auf der Meerenge Erholung abseits des Trubels der Innenstadt. Der Blick auf die Silhouette Istanbuls ist großartig. An den Ufern liegen viele Sehenswürdigkeiten *(siehe S. 28f).*

9 Dolmabahçe-Palast

Der Prachtbau westlichen Stils aus dem 19. Jahrhundert förderte den Niedergang des Osmanischen Reichs: Das Bauvorhaben Sultan Abd ül-Medschids I. überstieg das Vermögen der Staatskasse. Der Palast wurde mithilfe von ausländischen Krediten vollendet *(siehe S. 26f).*

Topkapı-Palast

Mehmed II. ließ den Topkapı-Palast (*Topkapı Sarayı*) von 1459 bis 1465, kurz nach der Eroberung Konstantinopels, erbauen. Als steinerne Hommage an die Zeltstädte seiner nomadischen Vorfahren wurde die Hauptresidenz des Sultans als Reihe von Pavillons in vier Höfen gestaltet. Der Palast diente als Regierungssitz und Ausbildungsstätte für Beamte und Soldaten. Im 18. Jahrhundert zog die Regierung in die Hohe Pforte. Der Topkapı-Palast diente bis zum Umzug Abd ül-Medschids I. 1853 in den Dolmabahçe-Palast als Sultansresidenz.

Kaiserliche Pforte

🔵 Melden Sie sich zu Beginn Ihres Palastbesuchs für die Besichtigung des Harems an. Bis zu Ihrer zugewiesenen Zutrittszeit können Sie andere Teile der Anlage besichtigen.

🔵 Im ersten Hof gibt es ein Café. Das exquisite Restaurant Konyalı im Vierten Hof serviert osmanische Hofküche. In dem beliebten Restaurant ist Reservierung empfehlenswert: (0212) 513 96 96.

• Babihümayun Cad
• Karte S3
• (0212) 512 04 80
• Mi–Mo 9–17 Uhr
• Eintritt: Museen 20 YTL; Harem zusätzlich 15 YTL (Verkauf am Kartenschalter neben dem Eingang zum Harem)
• www.topkapisarayi.gov.tr

Top 10 Palastzauber

1. Kaiserliche Pforte
2. Erster Hof
3. Harem
4. Tor der Begrüßung
5. Küchen
6. Thronsaal
7. Dritter Hof
8. Sultanskleidung
9. Schatzkammer
10. Vierter Hof

1 Kaiserliche Pforte (Bâb-ı Hümayun)
Das 1478 errichtete Tor (*oben links*) bildet den Haupteingang des Topkapı-Palasts. Es wird von den Pförtnerquartieren flankiert. Die Wohnräume Mehmeds II. über dem Tor brannten 1866 ab.

2 Erster Hof (Alay Meydanı)
Der riesige äußere Hof umfasst den gesamten Gülhane-Park bis zum Bahnhof Sirkeci am Fuß des Hügels. Die Kirche Hagia Eirene (Aya İrini Kilisesi; 6. Jh.), die Holzhäuser an der Soğukçeşme Sokağı und das Archäologische Museum liegen auf dem Gelände.

3 Harem
Das Labyrinth aus Zimmern und Gängen war eine geschlossene Welt, in der die Frauen, Konkubinen und Kinder des Sultans lebten. Die Besichtigung lohnt sich.

4 Tor der Begrüßung (Bâb-üs Selâm)
An dem kunstvoll gestalteten Tor (1524; *links*) wurden Besucher empfangen. Beim Sultan in Ungnade gefallene Würdenträger wurden hier inhaftiert und gehängt. Das Tor führt in den Zweiten Hof (Divan Meydanı) mit der Schatzkammer, in der Waffen und Rüstungen ausgestellt sind.

 Die neben der Schatzkammer untergebrachte Sammlung kostbarer Miniaturen und Handschriften ist sehenswert.

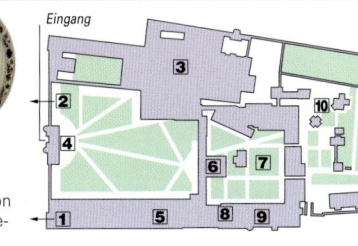

Küchen

5 Die Küchen verpflegten einst täglich 5000 Personen. Heute beherbergen die Räume eine herrliche Sammlung von Keramik, Glas und Silberwaren. Seladonporzellan wurde von den frühen Sultanen besonders geschätzt, da es sich angeblich beim Kontakt mit Gift verfärbte.

Thronsaal (Arz Odası)

6 Im Thronsaal *(rechts)* berät sich der Sultan mit Ministern und Gouverneuren und empfängt Botschafter sowie andere Würdenträger. Der Saal wurde auch für kleine Staatsanlässe genutzt.

Sultanskleidung (Seferli Koğuşu)

8 Die ehemalige Kleiderkammer der Sultane beherbergt heute eine faszinierende Sammlung von etwa 3000 prächtig bestickten Roben der Herrscher *(oben)*.

Dritter Hof (Enderûn Avlusu)

7 Das Tor der Glückseligkeit (Bâb-üs Saade) führt in den Dritten Hof. Dort befanden sich die Privatgemächer des Sultans sowie die Unterkünfte der weißen Eunuchen des Harems.

Schatzkammer (Hazine Koğuşu)

9 Exponate wie der mit Edelsteinen besetzte Topkapı-Dolch *(unten)* und der 86-karätige »Löffeldiamant« machen die Sammlung in der Schatzkammer zu einer der prunkvollsten der Welt, voller Schätze aus Tausendundeiner Nacht.

Vierter Hof (Sofa-ı Hümayun)

10 Der Vierte Hof diente der Entspannung. In dem Tulpengarten stehen von verschiedenen Sultanen errichtete Pavillons. Der zur Feier der Eroberung Bagdads von Murad IV. 1639 erbaute Bagdad-Pavillon (Bağdat Köşkü) ist besonders eindrucksvoll.

Reliquien

Der Pavillon des Heiligen Mantels (Hasoda Koğuşu) birgt einige der heiligsten Reliquien des Islam. Dazu zählen Barthaare des Propheten Mohammed, ein Zahn, zwei seiner Schwerter und die heilige Standarte aus den Feldzugen. Die bedeutendste Reliquie ist der Heilige Mantel, ein einfacher Kamelhaarumhang, den der Prophet einem Dichter schenkte. Er wurde einmal jährlich Würdenträgern präsentiert und in Wasser getaucht. Aus dem Mantel gewrungene Tropfen wurden als Talismane gegen die Pest versendet.

Der Pavillon des Heiligen Mantels im Dritten Hof ist eine wichtige muslimische Pilgerstätte. Besucher sollten sich respektvoll zeigen.

Links **Sultansbäder** Mitte **Schlafgemach der Valide Sultana** Rechts **Saal des Sultans**

Topkapı-Palast: Harem

1 Quartiere der schwarzen Eunuchen

Neben dem Sultan und seinen Söhnen waren die schwarzen Eunuchen die einzigen Männer, die den Harem bewohnten. Die Quartiere der bis zu 200 Sklaven aus dem Sudan und aus Äthiopien liegen auf einer Seite des Hofs der schwarzen Eunuchen, den Arkaden mit Marmorsäulen zieren.

2 Hof der Konkubinen

Der Kolonnadenhof liegt neben den Haremsbädern. Im Harem lebten etwa 300 Konkubinen.

3 Goldener Käfig

Mehmed III. wurde nach der Ermordung von 18 seiner 19 Brüder 1595 Sultan. Danach wurden Thronfolger in dem Goldenen Käfig, einem abgeschirmten Bereich des Harems, untergebracht. Viele schwächte die Isolation körperlich und geistig so sehr, dass sie für die Übernahme der Regierungsgeschäfte ungeeignet waren.

Hof der schwarzen Eunuchen

4 Schlafgemach der Valide Sultana

Die Mutter des Sultans, die Valide Sultana, war die mit Abstand mächtigste Frau im Palast. Sie bewohnte die schönsten Räume im Harem.

5 Gemächer des Sultans

Sultane verbrachten ihre freie Zeit meist in ihren Gemächern im Harem. Das vergoldete Schlafgemach von Abd ül-Hamid I. (1774 – 1789), der Saal Murads III. (1574 – 1595) und das »Früchtezimmer« *(siehe S. 58)* sind besonders sehenswert.

Detail, Goldener Käfig

6 Königliche Bäder

Die Bäder des Sultans und der Valide Sultana im Zentrum der Anlage sind mit Marmor ausgekleidet.

7 Saal des Sultans

Hier empfing der Sultan seine engsten Freunde. Nur wenige Frauen – die Sultansmutter, die Hauptfrau, die Favoritinnen und die Töchter – hatten Zutritt.

8 Wohnungen der Favoritinnen

Haseki (Favoritinnen), die Kinder zur Welt brachten, erhielten eigene Gemächer, Sklavinnen auch die Freiheit. Nach dem Tod des Sultans wurden diejenigen, die Töchter geboren hatten, außerhalb des Harems verheiratet oder zogen in den alten Palast, Mütter von Söhnen blieben im Palast.

Das deutsche Wort Harem stammt von arabisch harâm *(»verboten«). Auf Führungen sind 40 Räume der Anlage zu besichtigen.*

Wohnungen der Ehefrauen

Nach islamischem Recht durften Sultane bis zu vier Frauen ehelichen. Die Gattinnen besaßen im Harem eigene Wohnungen. Formal nahmen die Ehefrauen in der Hierarchie des Harems eine hohe Stellung ein, tatsächlich hatten jedoch die Sultansmutter und die Favoritinnen größeren Einfluss. Zuweilen heirateten Sultane Konkubinen: Suleiman I. ehelichte seine geliebte Roxelane (Haseki Hürrem). Ehefrauen wurden im Rahmen von politischen Abkommen oft getauscht.

Goldene Straße

Der dunkle, lange Gang erhielt den Namen, da Sultane den Haremsmitgliedern bei Festen hier Goldmünzen zuwarfen.

Top 10 Osmanische Frauen

Roxelane

Leben im Harem

Das Leben im Harem war bei Weitem nicht so aufregend wie die romantisierenden Beschreibungen europäischer Künstler des 19. Jahrhunderts glauben ließen. Zwar gab es Intrigen und zu Favoritinnen des Sultans erkorene Frauen wurden durch Luxus und prächtige Geschenke verwöhnt. Der Alltag der meisten Bewohner gestaltete sich aber monoton: Der Harem war weniger Sündenpfuhl als Wohnsitz von Familien und Ausbildungsstätte für Mädchen. Über zwei Drittel der etwa 1000 Bewohner waren Diener oder Kinder des Sultans. Konkubinen kamen mit fünf bis zwölf Jahren in den Harem, lebten in Gemeinschaftsquartieren und durchliefen jahrelange Ausbildung und Erziehung, bis sie dem Sultan vorgestellt wurden.

Die favorisierte Sultana von Etienne Jeaurat – europäische Darstellung des Haremslebens

ᴛᴏᴘ10 Hagia Sophia

Die Hagia Sophia (Aya Sofya), die »Kirche der Heiligen Weisheit«, ist eines der größten architektonischen Meisterwerke der Welt. Die erste Kirche an dieser Stelle brannte im Jahr 404 nieder, die zweite wurde während des Nika-Aufstands 532 zerstört. Das 537 von Kaiser Justinian geweihte Bauwerk überdauerte zahlreiche Erdbeben und Kriege. Noch heute besteht die Hagia Sophia als Manifest des Glaubens der Erbauer. Im 15. Jahrhundert wurde die Kirche zu einer Moschee umgewidmet. Seit 1934 dient sie als Museum.

Sultansloge

🌙 Abends bieten die mit Flutlicht angestrahlte Hagia Sophia und die Blaue Moschee einen überwältigenden Anblick.

🍽 Auf der Anlage sind keine Erfrischungen erhältlich. Die Cafés am Sultanahmet-Platz und in der Divanyolu Caddesi liegen jedoch nur wenige Gehminuten entfernt.

• Ayasofya Meydanı
• Karte R4
• (0212) 522 17 50
• Di–So 9–16 Uhr
• Eintritt 10 YTL

Top 10 Details

1. Architektur
2. Emporen
3. Weinende Säule
4. Säulen
5. Narthex
6. Krönungsplatz
7. Islamische Elemente
8. Hauptschiff
9. Kuppel
10. Fenster

1 Architektur
Den Haupttrakt aus dem 6. Jahrhundert kennzeichnen rote Mauern und zur Hauptkuppel ansteigende Halbkuppeln. Die später hinzugefügten zahlreichen Stützpfeiler veränderten das äußere Erscheinungsbild stark.

2 Emporen
Frauen wohnten den Gottesdiensten früher auf Emporen bei. Die wunderschönen Mosaiken in der Südempore zeigen u. a. Christus Pantokrator mit Johannes dem Täufer und der Jungfrau Maria sowie Maria mit dem Kind, flankiert von dem Kaiserpaar Johannes II. Komnenos und Irene *(unten)*.

3 Weinende Säule
Kaiser Justinian lehnte seinen schmerzenden Kopf gegen den feuchten Stein *(oben)* und war sofort geheilt. Seitdem stehen Besucher Schlange, um die Säule zu berühren.

4 Säulen
Die Byzantiner waren eifrige Plünderer: Die meisten Säulen der Hagia Sophia wurden aus heidnischen Tempeln geraubt.

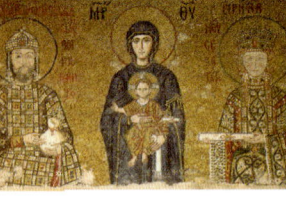

Baumeister der Hagia Sophia waren die beiden griechischen Mathematiker Isidor von Milet und Anthemius von Tralles.

Narthex
5 Von jeder Nische des Narthex führen Türen in das Hauptschiff. Die größte in der Mitte, das Kaisertor, war einst dem Kaiser und dem Patriarchen vorbehalten. Die Tür am Südende des Narthex führt in das Kriegervestibül. Das wunderbare Mosaik aus dem 6. Jahrhundert über der Tür zeigt Konstantin und Justinian, die ihre Stadt und die Kirche dem Christuskind darbringen *(oben)*.

Krönungsplatz
6 An der Stelle nahe dem *minbar*, an der sich einst der Thron befand, ist der Boden mit einem quadratischen Muster aus Marmor ausgelegt. In der byzantinischen Zeit galt der Thron als Mittelpunkt der Welt *(omphalion)*.

Islamische Elemente
7 1453 begann der Umbau der Kirche zur Moschee. Die Mosaiken wurden überputzt und erst in den 1930er Jahren wiederentdeckt. Im 16. Jahrhundert ließ Sultan Murad III. *mihrab* und *minbar (siehe S. 15)* bauen. Die Kuppel zieren kalligrafisch verzierte Kokarden *(oben)*.

Hauptschiff
8 Der Anblick des großartigen, von der mächtigen Kuppel überspannten Raums *(unten)* ist überwältigend. Die Kuppel ruht auf vier gewaltigen Marmorpfeilern, zwischen denen sich Doppelkolonnaden erstrecken.

Kuppel
9 Die Kuppel mit einem Durchmesser von 32 Metern ragt 56 Meter hoch empor. 40 Streben aus leichten Hohlziegeln stützen die Konstruktion, die bis heute als architektonische Meisterleistung gilt. Die Bauweise der ersten Kuppel war noch gewagter. Sie hielt bis zur Zerstörung 559 durch ein Erdbeben 21 Jahre stand.

Fenster
10 Durch die Reihen von Fenstern in den Tympana unterhalb der Kuppel sowie zwischen den einzelnen Kuppelstreben wird die Kirche mit Tageslicht erhellt.

Wechselnde Gesichter

Das wunderbare Mosaik in der letzten Nische an der Ostwand der Südempore zeigt Christus auf dem Thron, der von Kaiserin Zoë und Kaiser Konstantin IX. Monomachus flankiert wird. Das Gesicht des Kaisers wurde nachträglich verändert. Historiker vermuten, dass es vorher die Züge des ersten Gatten der Kaiserin, Romanos III. Argyros, trug. Nach dessen Tod 1034 wurde es durch das Antlitz des zweiten Ehemanns Michael IV. ersetzt, nach dessen Tod 1041 durch das Konstantins.

 In der Kirche finden beständig Renovierungsarbeiten statt. Die derzeitige Restauration ist seit Jahrzehnten im Gang.

TOP 10 Blaue Moschee

Sultan Ahmed I. war 19 Jahre alt, als er den Bau der Moschee veranlasste. Seine Begeisterung war so groß, dass er zeitweise bei den Bauarbeiten half. Die von dem Architekten Mehmed Ağa entworfene Moschee (Sultan Ahmet Camii) sollte die von Ağas Lehrer Sinan errichtete Süleymaniye-Moschee und die Hagia Sophia übertreffen. Das 1616 vollendete Bauwerk zählt heute zu den berühmtesten Moscheen der Welt. Wegen des mit İznik-Kacheln verkleideten Innenraums wird das Gotteshaus auch Blaue Moschee genannt.

Gebetszeit

🌀 Da die Moschee nur außerhalb der Gebetszeiten zu besichtigen ist, empfiehlt sich ein Besuch frühmorgens oder am Nachmittag.

💬 Auf dem Gelände gibt es keine Erfrischungen. Der Sultanahmet-Platz, die Divanyolu Caddesi und der Arasta-Basar bieten jedoch zahlreiche Möglichkeiten zur Stärkung.

• Sultanahmet Meydanı
• Karte R5
• (0212) 518 13 19
• tägl. 9–18 Uhr; Fr mittags & zu anderen Gebetszeiten geschl.
• Eintritt frei; Spende erbeten
• Mai–Sep: allabendliche Son-et-lumière-Show mit Kommentaren auf Türkisch, Englisch, Französisch oder Deutsch; Eintritt frei

Top 10 Glanzlichter

1. Lage
2. Eingang
3. Kuppeln
4. Minarette
5. Reinigungsbrunnen
6. Vorhof
7. Keramik
8. Minbar & Mihrab
9. Loge
10. Teppich

1 Lage
Als Zeichen der Überlegenheit des Islam über das Christentum entstand die Blaue Moschee am Standort des einstigen byzantinischen Palasts gegenüber der Hagia Sophia (oben).

2 Eingang
Der imposante Haupteingang der Moschee wird kaum benutzt. Gläubige und Besucher betreten das Gebäude durch jeweils eigene Eingänge an der zum Hof gerichteten Seite.

3 Kuppeln
Säulen mit je fünf Metern Durchmesser tragen die 43 Meter hohe Hauptkuppel, die von Halbkuppeln umringt ist (rechts). Der Durchmesser der Hauptkuppel beträgt 23,5 Meter.

4 Minarette
Der Sage nach orderte Ahmed I. ein mit Gold (altın) gedecktes Minarett. Der Architekt missverstand den Auftrag: Mit den von ihm errichteten sechs (altı) Minaretten zog die Moschee – zur Freude des Sultans – mit der großen Moschee in Mekka gleich.

➡️ *Mehr über die Blaue Moschee & weitere Attraktionen Istanbuls*
www.sacred-destinations.com

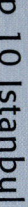

5 Reinigungsbrunnen

Der Brunnen *(links)* in der Mitte des Vorhofs der Moschee wird nicht mehr für rituelle Waschungen benutzt. Gläubigen dienen dazu Wasserhähne an der Hofmauer. Im Islam ist rituelle Reinheit obligatorische Voraussetzung für das Gebet.

6 Vorhof

Der mit Marmara-Marmor verkleidete Vorhof ist genauso groß wie der Gebetssaal. Der Anblick der anmutig gestaffelten Kuppeln und Halbkuppeln der Blauen Moschee ist vom Vorhof aus besonders beeindruckend.

7 Keramik

Der Großteil der blauen İznik-Kacheln *(oben)*, die der Moschee den Namen gaben, ist so hoch an den Wänden angebracht, dass eine detaillierte Betrachtung nicht möglich ist. Bis zur Fertigstellung der 20 143 Fayencen mit 70 Motiven untersagte es Ahmed I., andere Aufträge an die Manufakturen zu stellen.

8 Minbar & Mihrab

Im vorderen Teil der Moschee befinden sich der *minbar (links)* – die Kanzel, von der der Imam predigt – und die gen Mekka gerichtete Gebetsnische *mihrab (unten)*.

9 Loge

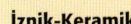

Links des *mihrab* befindet sich die Empore, in der der Sultan betete. Die Decke ist mit Arabesken verziert.

10 Teppich

Der Innenraum ist mit einem modernen Teppich ausgelegt. In Moscheen dienen Teppiche seit jeher dazu, Stirn und Knie beim Gebet zu schonen.

İznik-Keramik

In İznik wurde bereits in byzantinischer Zeit Keramik produziert. Die Motive basierten zunächst auf chinesischen Vorlagen. Arabische Motive wurden von Şah Kulu eingeführt, einem von 16 Künstlern, die Sultan Selim I. (1512–1520) aus Täbris rekrutierte. In den 1530er Jahren entstanden neben den traditionellen blauen und weißen türkise, etwa 20 Jahre später auch violette, grüne und rote Kacheln. Kara Memi kreierte erstmals florale Muster. Als Ahmed I. die Fayencen für die Blaue Moschee orderte, hatte sich der İznik-Stil bereits etabliert.

Verhaltensregeln für den Besuch einer Moschee **siehe S. 39**

🔟 Archäologisches Museum

Das Nationalmuseum (Arkeoloji Müzesi) eines der ältesten Länder der Welt wird höchsten Erwartungen gerecht. Die erstklassige Sammlung deckt einen Zeitraum von 5000 Jahren ab. Die Ausstellung wurde 1881 von Osman Hamdi Bey, dem Sohn eines Großwesirs, mit der Absicht gegründet, Schätze des Reichs vor dem Transport außer Landes durch europäische Archäologen und Schatzsucher zu bewahren. Die Anlage ist in drei Bereiche unterteilt: Hauptgebäude, Çinili-Pavillon (Çinili Köşk) und Museum des Antiken Orients.

Fassade

❷ **Wegen Personalmangels sind manche Abteilungen gelegentlich geschlossen.**

❸ **An dem kleinen Kiosk auf dem Museumsgelände sind Getränke erhältlich.**

- *Osman Hamdi Bey Yokuşu, Topkapı Sarayı, Gülhane*
- *Karte S3*
- *(0212) 520 77 40*
- *Di–So 9–17 Uhr*
- *Eintritt 6 YTL*

Top 10 Exponate

1. Sarkophage von Sidon
2. Alexandersarkophag
3. Ischtar-Tor
4. Sphinx aus Hattuşaş
5. Löwe aus Halikarnassos
6. Vertrag von Kadesch
7. Museum des Antiken Orients
8. Çinili-Pavillon
9. »Istanbul im Lauf der Zeiten«
10. Anatolien & Troja

1 Sarkophage von Sidon

Osman Hamdi Bey entdeckte die Sarkophage (5. und 4. Jh. v. Chr; *unten*) 1887 in Sidon im heutigen Libanon.

2 Alexandersarkophag

Der Marmorsarkophag aus dem späten 4. Jahrhundert v. Chr. wurde vermutlich für König Abdalonymos von Sidon (gest. 312 v. Chr.) angefertigt. Reliefs zeigen Alexander den Großen im siegreichen Kampf gegen die Perser. Von der einstigen Gestaltung in leuchtenden Farben sind Reste erkennbar.

3 Ischtar-Tor

Das 575 v. Chr. von König Nebukadnezar errichtete Ischtar-Tor schmückten aus glasierten Ziegeln gebildete Reliefs mit Drachen und Stieren *(Mitte)*. Die Prozessionsstraße durch das Tor zierten 120 Löwenbilder.

4 Sphinx aus Hattuşaş

Die rätselhafte Steinfigur (13. Jh. v. Chr.) ist eine von vieren, die in der Hauptstadt der Hethiter Hattuşaş bei Boğazkale in Anatolien entdeckt wurden.

5 Löwe aus Halikarnassos

Die Skulptur *(links)* stammt aus dem Grab von König Maussolos I. das zu den Sieben Weltwundern der Antike zählte.

Die Rekonstruktion des Ischtar-Tors aus geborgenen Fundstücken ist im Pergamonmuseum in Berlin zu sehen **www.smb.museum**

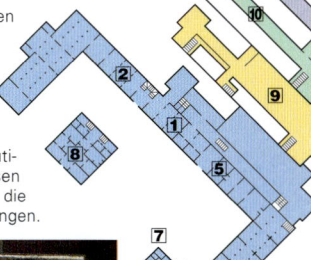

6 Vertrag von Kadesch

Die Tafel *(unten)* enthält den ältesten Friedensvertrag der Welt, der 1269 zwischen dem ägyptischen Pharao Ramses II. und dem hethitischen König Muwatalli II. nach einer Schlacht im heutigen Syrien geschlossen wurde. Er regelt u. a. die Rückkehr von Flüchtlingen.

Eingang

Legende

- ▪ Dritter Stock
- ▪ Zweiter Stock
- ▪ Erster Stock
- ▪ Erdgeschoss

Top 10 Istanbul

7 Museum des Antiken Orients

Unter den gut erhaltenen Exponaten aus Mesopotamien, Ägypten und Babylon sind einige der ältesten Handschriften der Welt – tönerne Keilschrifttafeln von 700 v. Chr.

8 Çinili-Pavillon

Der älteste Profanbau Istanbuls wurde 1472 als Sportpavillon errichtet *(rechts)*. Er ist mit İznik-Kacheln prächtig verziert. Exponate aus İznik und Kutahya illustrieren die Geschichte türkischer Keramik.

9 »Istanbul im Lauf der Zeiten«

Die durchdachte Ausstellung vermittelt mit Karten, Plänen, Zeichnungen und Exponaten wie der im 14. Jahrhundert gegossenen Glocke des Galata-Turms eine faszinierende Chronik der Stadt.

10 Anatolien & Troja

In dem langen Saal werden tausend Jahre Geschichte einfallsreich präsentiert. Auf der einen Seite wird das Anatolien von der Steinzeit bis in die Eisenzeit porträtiert. Die andere Seite zeigt die Geschichte Trojas von 3000 v. Chr. bis in das 1. Jahrhundert n. Chr.

Antike Artefakte

Über das Museum sind vielfältige antike Artefakte verteilt. In der Eingangshalle des Hauptmuseums steht eine Statue des ägyptischen Gottes Bes. Die beiden Löwenskulpturen aus Basalt am Fuß der Treppe zum Museum des Antiken Orients wurden im 8. Jahrhundert v. Chr. in Samal gefertigt. Die Porphyrsarkophage (4. bis 5. Jh. n. Chr.) vor dem Hauptmuseum gehörten wohl byzantinischen Herrschern. Der Portikus ist dem Sarkophag der Klageweiber von 400 v. Chr. nachempfunden.

Der Begriff Mausoleum geht auf das prachtvolle Grabmal des Königs Maussolos I. in Halikarnassos zurück.

⑩ Großer Basar

Die bemalten Gewölbe und Ladenauslagen voller Laternen, Teppiche und Gewürze des Großen Basars (Kapalı Çarşı) verströmen orientalische Pracht. Der 1461 von Sultan Mehmed II. gegründete Basar war als Handelszentrum des Osmanischen Reichs angelegt. Neben Läden, Banken, Lagerräumen und Cafés befanden sich dort Gästehäuser, Moscheen, ein Badehaus und eine Schule. Die mehrmals von Erdbeben und Bränden zerstörte Anlage ist heute ein unterhaltsames und faszinierendes Ausflugsziel.

Eingang zum alten Basar

🜨 Gästehäuser, Schule und Badehaus bestehen nicht mehr auf dem Basar. Besucher finden heute ein Polizeirevier, Bankautomaten, öffentliche Toiletten und andere nützliche Einrichtungen vor.

🍵 Auf dem Gelände gibt es zahlreiche kleine Kaffee- und Teestuben, Kebabstände, einige Restaurants sowie mehrere gehobene Cafés.

• Karte N3
• Mo–Sa 8.30–19.30 Uhr (umliegende Straßenstände meist länger)
• Eintritt frei
• www.kapalicarsi.org.tr

Top 10 Marktflair

1. İç Bedesten
2. Schmuck
3. Teppiche
4. Straßenstände
5. Straßennamen
6. Brunnen
7. Sandal Bedesten
8. Tore
9. Zincirli Han
10. Valide Han

1 İç Bedesten

Das älteste Gebäude des Marktes, ein byzantinischer Bau, wurde 1461 in ein abgeschlossenes Lagerhaus verwandelt, in dem Schmuck und Sklaven verkauft wurden. Heute sind hier wertvolle Antiquitäten und Ikonen erhältlich.

2 Schmuck (Kalpakçılar Başı Caddesi)

Schmuck und Edelmetalle funkeln in den Schaufenstern der Juweliere in der breitesten Basarstraße im Süden der Anlage. Im Jahr werden hier ca. 100 000 Kilogramm Gold verkauft. Preise für Goldschmuck richten sich nach dem Gewicht mit einem kleinen Zuschlag für die Fertigung.

3 Teppiche

Auf dem Basar bieten die besten Teppichhändler von Istanbul ihre Waren feil. In anderen Läden ist durchschnittliche Auslegeware erhältlich. Die Läden sind über den ganzen Markt verteilt. Die meisten befinden sich nahe dem İç Bedesten.

➡ *Mehr über Teppiche siehe S. 44f*

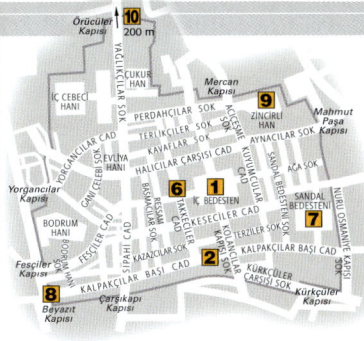

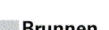

Straßenstände
Die Stände in den Gassen um den überdachten Basar, die Teppiche, Souvenirs, Kleidung und Gemüse anbieten, sind bei Einheimischen beliebt.

Straßennamen
Einst konzentrierten sich Handwerke in Teilen des Basars. Straßennamen wie *terlikçiler* (Pantoffelmacher), *aynacılar* (Spiegelmacher), *fesçiler* (*Fes*-Hersteller), *yorgancılar* (Weber), *kazazcılar* (Seidenspinner) und *kürkçüler* (Pelzmacher) spiegeln diese Aufteilung wider.

Brunnen
Vor der Installation eines modernen Leitungssystems versorgten zwei Brunnen aus Kupfer und Marmor die Händler mit Trinkwasser. Eine Übersicht von 1880 führt zudem 16 Trinkwasserstellen, ein Brunnenreservoir und acht Brunnen für die Feuerwehr auf.

Sandal Bedesten
Das Dach des Gebäudes aus dem 15. Jahrhundert schmücken 20 von Säulen getragene Kuppeln aus Ziegelsteinen. In dem ehemaligen Antiquitätenmarkt finden nun jeden Mittwoch um 13 Uhr Teppichauktionen statt.

Tore
22 Tore führten von allen Seiten in den Basar. Das 1894 nach einem Erdbeben wieder aufgebaute Beyazıt-Tor trägt das imperiale Signum (*tughra*) des Sultans Abd ül-Hamid II. sowie den Spruch »Gott liebt die Händler«.

Valide Han
Der 1651 errichtete Bau war einst die größte Karawanserei in Istanbul. Heute beherbergt der etwas vernachlässigte Komplex Galerien, Wohnungen und Werkstätten.

Zincirli Han
In einem *han* fanden reisende Händler Unterkünfte, Gaststätten und Pferdeställe vor. Der älteste der 40 *han* der Gegend wurde schön restauriert. Hier ist der renommierte Teppichhändler Şişko Osman Halıcılık ansässig.

Zahlen & Fakten

Der Große Basar zählt zu den größten Gebäuden der Welt. Er erstreckt sich über eine Fläche von 307 000 Quadratmetern. Auf dem Gelände befinden sich 61 überdachte Straßen. Tag für Tag feilschen etwa 400 000 Käufer – Einheimische ebenso wie Besucher aus der ganzen Welt – mit 30 000 Händlern in 4500 Läden. Der seit 1461 ständig in Betrieb befindliche Basar ist der älteste überdachte Markt der Welt.

Die Taxis am Großen Basar haben einen schlechten Ruf: Manche Fahrer berechnen den zehnfachen Tarif.

⏀10 Süleymaniye-Moschee

Die zwischen 1550 und 1557 für Suleiman I. errichtete Moschee (Süleymaniye Camii) zählt zu den schönsten Werken des großen osmanischen Baumeisters Sinan. Das auf einem Hügel gelegene prachtvolle Bauwerk war zugleich wohltätige Einrichtung (külliye) und Gotteshaus. Die riesige Anlage umfasst Medresen, ein Hamam, ein Krankenhaus und eine Karawanserei. Die hohen Kuppeln der Moschee, die die Silhouette der Stadt dominieren, versinnbildlichen Suleimans Macht. Kalligrafien, Buntglasfenster und Schnitzarbeiten verleihen dem Bau Leichtigkeit. Im Hof befinden sich die Gräber Suleimans I. und Roxelanes.

Außenansicht der Moschee

Top 10 Sehenswert

1 Grabmal des Sinan
2 Grabmal Suleimans
3 Innenraum der Moschee
4 Hof
5 Medresen
6 »Suchtgasse«
7 İmaret
8 Hamam
9 Karawanserei
10 Aussicht

🕖 Besichtigen Sie nach dem Besuch der Moschee den angrenzenden Botanischen Garten der Universität.

🍴 Das Restaurant Darüzziyafe *(siehe S.71)*, das Café Lalezar in den ehemaligen Suppenküchen und eine Reihe von Cafés gegenüber dem Haupteingang der Anlage bieten Besuchern zahlreiche Einkehrmöglichkeiten.

• Prof. Sıddık Sami Onar Cadessi • Karte M2 • (0212) 522 02 98 • tägl. 9–17.30 Uhr; zu Gebetszeiten geschl.; Grabmal Suleimans: tägl. 9.30–16.30 Uhr; Grabmal des Sinan: Di, Mi, Fr & So 9–17 Uhr; Hamam: tägl. 7–24 Uhr • Eintritt frei (Eintritt für Hamam) • Einschränkungen durch Renovierung möglich

Grabmal des Sinan
Sinan selbst entwarf das Mausoleum mit dreieckigem Grundriss. Das bescheidene Denkmal für ein großes Talent steht im Nordosten der Anlage an der Stelle des Hauses, in dem Sinan während des Baus der Moschee lebte.

Grabmal Suleimans
Das Grabmal Sultan Suleimans I. »des Prächtigen« im Friedhofsbereich ist reich verziert *(oben)*. Die Tür ist aus Ebenholz, Perlmutt und Elfenbein, die Kuppel schmücken sternförmige Keramik-Intarsien.

Innenraum der Moschee
Die Gebetshalle ist hell und schlicht. 200 Buntglasfenster zieren die blau-weiß-goldene Kuppel. *Mihrab* und Kanzel aus weißem Marmor schmücken İznik-Kacheln.

Hof
Den prächtigen Hof *(oben)* umgibt eine Kolonnade mit Säulen aus Porphyr, Marmor und Granit. Die Säulen stammen vermutlich aus dem Hippodrom.

Auch das Grabmal der Gattin Suleimans I., Roxelane, einer der bedeutendsten Frauen in der türkischen Geschichte, ist sehenswert.

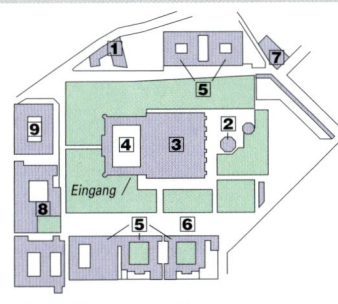

Medresen

5 Einst Teil der Hochschule des Osmanischen Reichs beherbergen die Medresen nun Suleimans Bibliothek mit 110 000 Schriftwerken. Zurzeit sind sie für Besucher geschlossen.

»Suchtgasse«

6 Die Cafés in der »Suchtgasse« Prof. Sıddık Sami Onar Caddesi verkauften einst Opium und Haschisch. Heute ist der in Wasserpfeifen gerauchte Tabak dort das einzige erhältliche Suchtmittel *(nargile)*.

Mimar Sinan

Der Erbauer von etwa 130 Moscheen und über 200 weiteren Gebäuden Mimar Sinan war kein gelernter Architekt. Er wurde 1491 geboren. Ursprünglich griechisch-orthodoxen Glaubens, wurde er in einer Palastschule zum Muslim erzogen und in das Elitekorps der Janitscharen aufgenommen. Der spätere Kommandant des Infanteriekadettenkorps und Militäringenieur wurde 1536 Hofbaumeister Suleimans I. Den Posten bekleidete er bis zu seinem Tod 1588 im Alter von 97 Jahren. Sinan bezeichnete die Selimiye-Moschee in Edirne *(siehe S. 53)* als sein Meisterwerk.

İmaret

7 Die Küchen versorgten nicht nur die vielen Arbeiter, Schüler und Lehrer in der Moschee, auch bis zu 1000 Notleidende wurden hier pro Tag gespeist.

Hamam

8 Das Badehaus wurde restauriert und ist wieder in Betrieb. Die kostenlose Lebensversicherung, die während des Aufenthalts besteht, sollte Besucher nicht beunruhigen.

Karawanserei

9 Die Karawanserei auf dem Gelände bot Reisenden Unterkunft. Für die Packtiere standen Ställe zur Verfügung.

Aussicht

10 Die Terrassengärten vor der Anlage bieten einen schönen Ausblick über das Goldene Horn zum Galata-Turm.

Weitere Moscheen in Istanbul **siehe S. 38**

Erlöserkirche des Chora-Klosters

Die Erlöserkirche des Chora-Klosters birgt einige der bedeutendsten byzantinischen Kunstwerke der Welt. Die über 100 herrlichen Mosaiken und Fresken mit biblischen Motiven wurden zwischen 1315 und 1321 von dem Regierungsbeamten Theodoros Metochites beauftragt, der die Kirche aus dem 11. Jahrhundert renovieren ließ. Das 1511 in eine Moschee umgewandelte Gotteshaus ist auch unter dem Namen Kariye-Moschee (Kariye Camii) bekannt. Die byzantinischen Kunstschätze wurden 1860 wiederentdeckt und ab 1948 restauriert.

Außenansicht

⊘ Fotografieren ist nur ohne Blitzlicht erlaubt. Um gute Bilder zu machen, benötigt man ein Stativ.

⊜ Das benachbarte Asitane Restaurant besitzt eine hübsche Terrasse. Die traditionellen osmanischen Gerichte sind hervorragend.

• Kariye Camii Sok, Kariye Meydanı, Edirnekapı
• Karte B2
• (0212) 631 92 41
• Do–Di 9.30–16.30 Uhr
• Eintritt 15 YTL

Top 10 Kunstwerke

1. Architektur
2. Stammbaum Jesu
3. Anastasisfresko
4. Parekklesion
5. Jesu Wirken
6. Mosaik des Theodoros Metochites
7. Jüngstes Gericht
8. Leben Mariens
9. Jesu Kindheit
10. Grablegung Mariens

1 Architektur
Der Blick auf die bezaubernde Anlage mit dem Mauerwerk aus gestreiftem Marmor, sechs Kuppeln, Bogenreihen und dem Minarett ist von der Rückseite der Kirche besonders eindrucksvoll.

2 Stammbaum Jesu
Die Mosaiken in den Kuppeln des inneren Narthex zeigen 66 Ahnen Jesu. In der Südkuppel *(oben)* ist Christus von seinen Vorfahren umringt, darunter Adam, Abraham, Jakob und dessen zwölf Söhne. Das zweite Mosaik zeigt Maria mit dem Kind über den Königen der David-Dynastie.

3 Anastasisfresko
Das Auferstehungsbild *(Mitte)* zeigt Christus, der Adam und Eva aus den Gräbern zieht. Die Höllentore sind geborsten, Satan liegt gefesselt vor Christus.

4 Parekklesion
Die Fresken in der Grabkapelle südlich der Hauptkirche stellen das Jüngste Gericht und die Auferstehung *(unten)* dar. Das Grab an der Nordmauer ist eventuell das Theodoros Metochites'.

Der Name Chora (»auf dem Lande«) verweist auf die ursprüngliche Lage der Kirche außerhalb der Stadtmauern Konstantinopels.

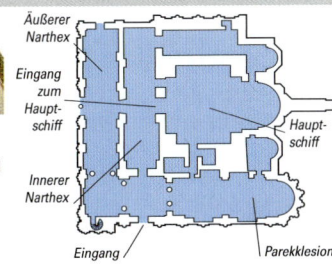

Äußerer Narthex

Eingang zum Hauptschiff

Innerer Narthex

Eingang

Hauptschiff

Parekklesion

5 Jesu Wirken
Die Mosaiken in den sieben Gewölbejochen des äußeren Narthex und Teilen des südlichen Jochs im inneren Narthex haben Themen wie Jesu Versuchung in der Wüste, die Hochzeit in Kana und die Heilung von Kranken.

6 Mosaik des Theodoros Metochites
Das wunderbare Mosaik im inneren Narthex über dem Portal zum Hauptschiff *(oben)* zeigt den Turban tragenden Theodoros Metochites, der Christus seine Kirche zum Geschenk macht.

8 Leben Mariens
Im inneren Narthex stellen 20 Mosaiken Stationen aus dem Leben Mariens nach dem außerkanonischen Protevangelium des Jakobus (2. Jh. v. Chr.) dar, z. B. die ersten Schritte Marias als Kind, Maria als drei- bis 13-jährige Tempeldienerin und Josefs Heimkehr zur schwangeren Frau.

9 Jesu Kindheit
Die halbrunden Wandfelder des äußeren Narthex zieren Bilder der Kindheit Jesu nach dem Neuen Testament. Sie zeigen Marias und Josefs Reise nach Bethlehem, ihre Einschreibung in das Steuerregister, Christi Geburt und Herodes' Befehl zum Kindermord.

7 Jüngstes Gericht
Das Motiv des Jüngsten Gerichts in der Hauptkuppel des Parakklesion enthält eine Majestas Domini, in der Christus von Maria, Johannes dem Täufer und den Aposteln umringt ist. Adam und Eva knien zu seinen Füßen.

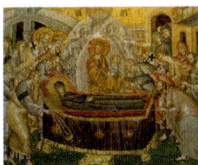

10 Grablegung Mariens
Das Mosaik im Hauptschiff *(oben)* zeigt Christus am Sarg seiner Mutter. Das Kind in seinen Armen symbolisiert Marias Seele. Darüber steht der Todesengel Azrael.

Kurzführer

Heute betritt man die Kirche durch eine Seitentür. Der Haupteingang erfolgte ursprünglich über den äußeren Narthex, der zum inneren Narthex fuhrt. In den Mauernischen dieser beiden Vorhallen befinden sich die meisten Mosaiken. Der innere Narthex öffnet sich zum Hauptschiff der Kirche. Der Altar in der halbrunden Apsis wird von Prothesis (Kommunionskapelle) und Diakonikon (Sakristei) flankiert. Auf der einen Seite befindet sich außerdem das Parekklesion – die separate Grabeskapelle.

Weitere byzantinische Bauwerke in Istanbul siehe S. 36f

Çemberlitaş-Bad

Bei einer Reise nach Istanbul sollte der Besuch eines Hamams auf dem Programm nicht fehlen. In den Dampfbädern werden auch Massagen und Körperpflege angeboten. Das Çemberlitaş-Bad (Çemberlitaş Hamamı) gilt als eines der schönsten türkischen Bäder. Sinan errichtete das Gebäude 1584 im Auftrag der Gattin Selims II., Konya Nurbanu, die daraus finanzielle Unterstützung für die Atik-Valide-Moschee in Üsküdar (siehe S. 95) erwartete. Bis heute ist das Bad bei Einheimischen, Besuchern und Fotografen sehr beliebt.

Halvet im Dampfbad

🕐 **Es empfiehlt sich, während des Aufenthalts im Hamam eine kleine Flasche Wasser bei sich zu haben.**

📍 **Das Çemberlitaş-Bad liegt zwischen dem Großen Basar und dem Sultanahmet-Platz. Es ist von beiden Orten aus bequem zu Fuß erreichbar. In der Umgebung befinden sich zahlreiche Cafés, Teestuben und Restaurants.**

- Vezir Han Cad 8
- Karte P4
- (0212) 522 7974; (0212) 520 18 50
- tägl. 6–24 Uhr
- Eintritt 36 YTL (mit Massage 55 YTL, mit Ölmassage 95 YTL)
- www.cemberlitas hamami.com.tr

Top 10 Hamam

1 Eingang
2 Männertrakt
3 Frauentrakt
4 Umkleideraum
5 Dampfbad
6 Beheizte Räume
7 Nabelstein
8 Warmraum
9 Ölmassage
10 Zusätzliche Angebote

1 Eingang
Besucher erhalten an der Kasse ein *pestemal* (Lenden- oder Bekleidungstuch), eine *kese* (rauer Handschuh für das Peeling) sowie Wertmarken für Anwendungen. Das Bad besitzt getrennte Bereiche für Männer und Frauen.

2 Männertrakt
Der Hamam besaß einst identisch gestaltete Anlagen für Männer und Frauen mit eigenen Eingängen. Der Männertrakt besitzt die originale, von Sinan gestaltete Struktur.

3 Frauentrakt
Der Umkleideraum wurde 1868 im Zuge der Verbreiterung der Divanyolu Caddesi entfernt. Nun dient ein Gang als Umkleide. Das Dampfbad des Trakts ist unverändert.

4 Umkleideraum (Camekan)
In dem Raum *(unten)* werden den Gästen Schließfächer und Badeschuhe zur Verfügung gestellt. Wer möchte, kann unter dem *pestemal* Badekleidung tragen.

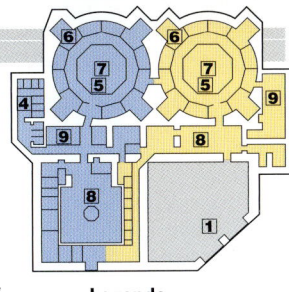

Dampfbad (Hararet)

Die 12 Bogen unter der Kuppeldecke des Dampfbads *(Mitte)* werden von Marmorsäulen getragen. Kleine Fenster in der Kuppel lassen Lichtstrahlen durch den Dampf scheinen.

Beheizte Räume (Halvets)

In den kleinen umlaufenden Räumen kann man sich an Wasserbecken mit heißem, warmem oder kaltem Wasser waschen oder abkühlen.

Legende

■	Männertrakt
■	Frauentrakt

Nabelstein (Göbek Taşı)

In der Mitte des Dampfbads befindet sich eine große Marmorplatte *(links)*. Bademeister bedecken auf dem Stein liegende Gäste mit Seifenschaum und reiben sie mit der *kese* ab. Nach erneuter Schaumgabe werden Besucher mit Lappen gewaschen und massiert *(unten)*, nach der Haarwäsche mit Wasser aus Eimern abgespült.

Warmraum (Soğukluk)

Der Warmraum für Männer *(links)* ist original erhalten, der im Frauentrakt weniger ansprechend. Er dient Gesprächen und Entspannung. Gäste gehen danach zur Ölmassage oder verlassen das Bad.

Ölmassage

In dem lichten Raum werden auf einer Reihe von Liegen mehrere Gäste gleichzeitig massiert *(rechts)*. Es lohnt, den Mangel an Privatsphäre zu ertragen: Man fühlt sich wie neu geboren.

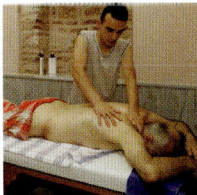

Zusätzliche Angebote

Besucher können sich in den Warm- und Kalträumen des Hamams nach Belieben aufhalten. Auf Wunsch nehmen die Mitarbeiter gerne Maniküre, Pediküre oder Kosmetikbehandlungen vor.

Alte Bräuche

Hamams ähneln griechisch-römischen Bädern stark. Islamische Invasoren übernahmen die Tradition gerne: Für sie war Reinlichkeit gleichbedeutend mit Göttlichkeit. Die Bäder dienten nicht nur der Pflege des Körpers, sondern auch der Reinigung des Geistes. Frauen fanden im Hamam willkommene Befreiung aus der Enge ihres Alltags. Ein Hamam war aber auch der Ort, potenzielle Schwiegertöchter ausfindig zu machen.

Bademeister & Masseure erhalten üblicherweise etwa 8 YTL Trinkgeld.

Dolmabahçe-Palast

Mit der Absicht, dem Osmanischen Reich europäisches Flair zu verleihen, beauftragte Sultan Abd ül-Medschid I. 1843 die armenischen Architekten Karabet und Nikoğos Balyan mit dem Bau des prunkvollen Palasts (Dolmabahçe Sarayı) am Ufer des Bosporus. Das 1856 vollendete Bauwerk mit 46 Empfangssälen und Galerien sowie prächtiger Dekoration aus Gold und Kristall erinnert an das französische Versailles. Das verschwenderische Projekt förderte den Niedergang des Reichs: Der letzte Herrscher floh 1922 ins Exil.

Der Schwanenbrunnen im Sultansgarten

Top 10 Palastzauber

1. Tore
2. Uferfassade
3. Zeremonienhalle
4. Harem
5. Prunksäle
6. Räume Atatürks
7. Kristalltreppe
8. Königliche Bäder
9. Uhrturm
10. Gärten

Besucher müssen sich Führungen anschließen. Es gibt zwei Touren: Eine führt in den Selamlık – den einst Männern vorbehaltenen Bereich mit der Zeremonienhalle –, die andere in den Harem, die Gemächer des Sultans und der Sultansfrauen sowie in Atatürks Schlaf-, Bade- und Arbeitszimmer.

Im Uhrturm gibt es ein Café. Toiletten befinden sich nahe den Eingängen.

• Dolmabahçe Cad, Beşiktaş • Karte C5 • (0212) 236 90 00 • Tram: Kabataş; von dort 5 Minuten Fußweg • Di, Mi & Fr–So 9–15 Uhr • Eintritt: Selamlık 20 YTL, Harem 20 YTL, Kombiticket 20 YTL • www.dolmabahce.gov.tr

1 Tore
Der Palast besitzt zwei reich verzierte Eingangstore: Das Sultanstor *(oben)* sowie das Schatzkammertor, das als Haupteingang dient. Vor beiden Toren stehen auch heute noch Ehrenwachen.

2 Uferfassade
Die Fassade aus Marmor *(unten)* misst 284 Meter. Die Prunksäle liegen auf der linken Seite, der Harem befindet sich rechts der Zeremonienhalle.

3 Zeremonienhalle (Muayede Salonu)
Die Kuppel über dem majestätischen Saal *(oben)* ist 36 Meter hoch. Der Kronleuchter – ein Geschenk Königin Viktorias von England – gilt als der größte der Welt: Er besitzt 750 Lichter und wiegt 4,5 Tonnen.

Wer nur für eine Führung Zeit hat, sollte den Selamlık besuchen: Zeremonienhalle und Kristalltreppe sind ein Muss.

Harem

Den Harem kennzeichnet eine faszinierende Mischung östlicher und westlicher Elemente. Die Räume des Sultans, der Valide Sultana, der Ehefrauen, Konkubinen, Diener und Gäste sind von unterschiedlicher Pracht. Es gibt Bäder, eine Schule, eine Entbindungsstation und einen Salon *(links)* für die Favoritinnen.

Prunksäle (Selamlık)

Die zur Meerenge hinausgehenden Palasträume nutzten der Großwesir und die Minister, die landeinwärts gelegenen Räume dienten der Verwaltung. Sie sind alle prunkvoll eingerichtet.

Räume Atatürks

In den Anfangsjahren der Republik war der Palast Amtssitz Atatürks in Istanbul. Sein Schlafzimmer und Büro *(oben)* befinden sich im einstigen Harem. Seit Atatürk am 10. November 1938 um 9.05 Uhr an Leberzirrhose im Palast verstarb, stehen alle Palastuhren still.

Kristalltreppe

Die Balustraden der prachtvollen Doppeltreppe, die den Verwaltungstrakt mit den Zeremonienräumen verbindet, sind aus Kristall aus Baccarat gefertigt.

Königliche Bäder

Der Sultan besaß zwei Bäder. Das Bad im Hauptpalast ist mit Marmor verkleidet. Das Bad im Harem zieren violette Blumenmuster. Es enthält einen Spiegel aus Muranoglas.

Uhrturm

Der 27 Meter hohe, vierstöckige Turm wurde dem Palast 1890 während der Regentschaft Sultans Abd ül-Hamids II. *(siehe S. 89)* hinzugefügt. Die von dem Pariser Uhrmacher Paul Garnier gefertigte Uhr funktioniert heute noch.

Gärten

Palast und Gärten liegen auf neu gewonnenem Land. Dolmabahçe bedeutet »aufgeschüttete Gärten«. Neben dem Palast und 16 Pavillons barg das Gelände einst eine Mühle, eine Apotheke, ein Vogelhaus, eine Glasfabrik und eine Gießerei.

Atatürk

Der 1881 geborene Mustafa Kemal Paşa führte die türkischen Truppen 1915 in Gallipoli zum Sieg. Nach dem Ersten Weltkrieg bewirkte der einstige Führer der republikanischen Bewegung der Jungtürken 1922 die Abschaffung des Sultanats, 1923 die Gründung der türkischen Republik. Als erster Präsident der Türkei setzte er im Land westliche Maßstäbe und führte das lateinische Alphabet, Schulpflicht und Frauenrechte ein. Öffentliche Kritik an dem als »Vater der Türken« (Atatürk) verehrten Kemal steht bis heute in der Türkei unter Strafe.

Der Kronprinzenpavillon neben dem Dolmabahçe-Palast beherbergt heute das Museum für Malerei und Skulptur **siehe S. 92**

🔟 Schifffahrt auf dem Bosporus

Die Silhouette Istanbuls zählt zu den schönsten der Welt. Von Bord eines Schiffes auf dem Bosporus (Boğaz) ist der Anblick der Stadt besonders beeindruckend. Abseits des Trubels im Zentrum der Stadt gewinnen Besucher auf einer Schifffahrt neue Eindrücke von der Metropole. Zudem bietet der Ausflug Erholung nach Besichtigungstouren. Die Fahrten mit den Fähren sind preiswert. Während der geruhsamen Schifffahrt bietet sich eine wunderbare Aussicht auf die prächtigen Uferanlagen und die den Bosporus säumenden Villen.

Bosporus-Brücke

🔄 Fähren erreichen Rumeli Hisarı nach etwa einer Stunde und 45 Minuten. Sie kehren sofort zurück. Unterwegs gibt es nur wenige kurze Aufenthalte. Wer Sehenswürdigkeiten an der Strecke ausführlich besichtigen möchte, sollte die Rückfahrt mit dem Bus antreten.

🍴 Auf der Fähre und an den Haltestellen sind Imbisse erhältlich.

• Abfahrt vom Eminönü-Pier 3 (Boğaz Hattı)
• Karte F4
• (0212) 444 44 36
• tägl. 10.35 Uhr, (Apr–Juni auch 13.35 Uhr)
• Gebühr: einfach 9 YTL, Hin- & Rückfahrt 15 YTL

Top 10 Bosporus

1. Eminönü-Pier
2. Leanderturm
3. Dolmabahçe-Palast
4. Ortaköy
5. Bosporus-Brücke
6. Beylerbeyi-Palast
7. Arnavutköy & Bebek
8. Europäische Festung
9. Sarıyer
10. Anadolu Kavağı

1 Eminönü-Pier
Die Bosporus-Fähren legen in Eminönü ab, dem geschäftigsten Fährhafen der Stadt. Bei den Straßenhändlern sind Imbisse erhältlich.

2 Leanderturm (Kız Kulesi)
Der Turm auf einer Üsküdar vorgelagerten Insel beherbergt ein Restaurant. Der türkische Name bedeutet »Jungfrauenturm«, der deutsche bezieht sich auf den Helden der griechischen Mythologie *(siehe S. 95)*.

3 Dolmabahçe-Palast (Dolmabahçe Sarayı)
Abd ül-Medschid I. nahm für den Bau in den 1850er Jahren Staatsschulden auf.

4 Ortaköy
Das Dorf am Fuß der Bosporus-Brücke, eines der hübschesten an der Meerenge, ist beliebtes Ausflugsziel der Einwohner Istanbuls.

5 Bosporus-Brücke (Boğaziçi Köprüsü)
Die 1560 Meter lange, 1973 vollendete Brücke war die erste, die Europa und Asien verband. Sie wird auch Atatürk-Brücke genannt.

➡ *Mehr über den Dolmabahçe-Palast siehe S. 26f*

6 Beylerbeyi-Palast (Beylerbeyi Sarayı; asiatische Seite)

Die hübsche Anlage wurde als Sommeranbau des Dolmabahçe-Palasts errichtet. Da es keine Küche gab, wurde Proviant mit Ruderbooten geliefert.

7 Arnavutköy & Bebek

Die aus Holz gebauten Villen *(yalis)* aus dem 19. Jahrhundert am Ufer des Bosporus gelten als die begehrtesten Immobilien der Stadt.

8 Europäische Festung (Rumeli Hisarı)

Die Burg wurde von Mehmed II. »dem Eroberer« 1452 vor dem Angriff auf Konstantinopel errichtet. Gegenüber steht die Anatolische Festung (Anadolu Hisarı) von Beyazıt I.

9 Sarıyer

Das Dorf ist der wichtigste Fischerhafen am Bosporus. Es besitzt einen historischen Fischmarkt. Die Restaurants am Ufer bieten malerische Aussicht.

10 Anadolu Kavağı (asiatische Seite)

In dem Dorf, dem letzten Halt auf der Fährroute, bieten Restaurants Fischgerichte und Eiscreme an. Von den Ruinen der byzantinischen Burg, einem Kastell der Genuesen aus dem 14. Jahrhundert, hat man herrliche Sicht.

Mythen

Als die griechische Göttin Hera einen Mückenschwarm zur schönen Io, ihrer Konkurrentin um die Gunst des Zeus, schickte, verwandelte sich Io in eine Kuh und durchschwamm die Meerenge. So entstand der Name des Bosporus »Rinderfurt«. Einer anderen Sage nach segelten Jason und die Argonauten auf der Suche nach dem Goldenen Vlies auf dem Bosporus – vielleicht ein Hinweis auf die Schwarzmeertradition, Gold mit Schafwollvlies zu waschen.

Mehr über den Bosporus **siehe S. 88–93**

Links **Florence Nightingale in der Selimiye-Kaserne** Rechts **Atatürk inspiziert seine Truppen**

Etappen der Geschichte

1 330–395: Teilung des Römischen Reichs

Im Jahr 330 verlegt Konstantin der Große die Hauptstadt des Römischen Reichs nach Byzantium. Das »Neue Rom« wird später Konstantinopel genannt. Unter Theodosius I. wird das Reich 395 unter dessen Söhnen aufgeteilt. Die Westhälfte wird von Rom, die Osthälfte (Byzanz) von Konstantinopel aus regiert.

Büste Konstantins des Großen

2 1071: Schlacht von Manzikert

Türkische Seldschuken aus Persien besiegen die byzantinische Armee und nehmen Anatolien ein. Die Byzantiner können die Ostgebiete nicht zurückerobern.

3 1204: Eroberung Konstantinopels

Die Armeen des Vierten Kreuzzugs plündern Konstantinopel und treiben den Kaiser ins Exil.

Eroberung Konstantinopels 1204

Die Kreuzfahrer regieren Konstantinopel, bis der byzantinische Kaiser Michael VIII. Palaiologos 1261 die Stadt zurückerobert.

4 1453: Gründung Istanbuls

Nach sukzessiver Eroberung des Byzantinischen Reichs nimmt Sultan Mehmed II. Konstantinopel ein. Er nennt die Stadt İslambol (»Stadt des Islam«). Der letzte byzantinische Kaiser Konstantin XI. Palaiologos stirbt im Gefecht auf den Stadtmauern.

5 1529: Belagerung Wiens

Unter Suleiman I. erreicht das Osmanische Reich die größte Ausdehnung. 1526 erobert der Sultan Süd-Ungarn. Im Frühjahr 1529 sammelt er zur Sicherung der Herrschaft in Ungarn ein gewaltiges Heer für den Marsch auf Wien. Das Fortkommen wird durch Überschwemmungen behindert. Die beherzte Verteidigung der Stadt unter dem deutschen Söldner Niklas Graf Salm schlägt die Türken zurück und besiegelt das Ende der osmanischen Expansion in Westeuropa.

6 1777: Türkischer Nougat

Der Hof-Zuckerbäcker Ali Muhiddin Hacı Bekir erfindet *Rahat lokum*, das »Vergnügen für den Gaumen«. Die auch als Türkischer Honig bezeichnete klebrige Süßigkeit enthält Rosenwasser und Zuckerguss.

7 1853–1856: Krimkrieg

Die Türken erhalten nach der russischen Invasion in das Osmanische Reich Unterstützung durch Frankreich und Großbritannien. Florence Nightingale gründet ein Krankenhaus in Istanbul und führt moderne Pflegestandards ein *(siehe S. 96)*.

8 1919–1923: Gründung der Republik Türkei

Mit einer unblutigen Revolution erreicht Mustafa Kemal Paşa, genannt Atatürk (»Vater der Türken«), die Abschaffung des Sultanats. Er initiiert den Türkischen Unabhängigkeitskrieg. 1923 verlegt er als erster Präsident der Republik Türkei die Hauptstadt des Landes nach Ankara.

Bau der Bosporus-Brücke, 1972

9 1973: Bosporus-Brücke

Die Bosporus-Brücke zwischen Ortaköy und Beylerbeyi verbindet den europäischen mit dem asiatischen Teil Istanbuls.

10 2009: Fortsetzung der EU-Beitrittsgespräche

Gespräche über einen Beitritt der Türkei zur Europäischen Union dauern seit 2005 an. Befürworter heben hervor, dass Istanbul europäischen Charakter besitzt.

Top 10 Osmanische Sultane

1 Osman Gasi (1299–1326)

Die Dynastie der Osmanen ist nach ihrem Begründer benannt. 1301 gewinnt Osman die erste Schlacht gegen byzantinische Truppen.

2 Orhan Gasi (1326–1359)

Orhan macht Bursa zur Reichshauptstadt und den Islam zur Staatsreligion.

3 Murad I. (1359–1389)

Murad gründet das Elitekorps der Janitscharen.

4 Beyazıt I (1389–1402)

Beyazıt bringt den Islam nach Serbien.

5 Mehmed II. »der Eroberer« (1451–1481)

1453 erobert Mehmed Konstantinopel. Er errichtet eine neue Stadt auf den Trümmern und baut den Topkapı-Palast.

6 Suleiman I. »der Prächtige« (1520–1566)

Der Eroberer, Gesetzgeber und Kunstliebhaber herrscht während des Goldenen Zeitalters des Reichs *(siehe S. 58)*.

7 Mehmed III. (1595–1603)

Mehmeds Mutter lässt 18 ihrer 19 Söhne strangulieren, um Mehmed den Thron zu sichern.

8 Osman II. (1618–1622)

Janitscharen schänden und hängen Osman in Yedikule nach dessen Versuch, die Macht des Korps zu beschneiden.

9 Mahmud II. (1808–1839)

Mahmud vernichtet die Janitscharen.

10 Mehmed VI. (1918–1922)

Der letzte Herrscher der Osmanen flüchtet im November 1922 ins europäische Exil.

Links **Museum für türkische Kunst** Mitte **Rahmi-Koç-Museum** Rechts **Archäologisches Museum**

Museen & Sammlungen

1 Topkapı-Palast (Topkapı Sarayı)

Die in dem Palast untergebrachten Sammlungen sind ebenso beeindruckend wie das Gebäude selbst. In den Küchen ist chinesisches Porzellan ausgestellt, die Schatzkammer birgt Schmuck, Schnitzarbeiten aus Elfenbein und große Smaragde. Zu den religiösen Schätzen zählen Barthaare des Propheten Mohammed *(siehe S. 8–11)*.

2 Archäologisches Museum (Arkeoloji Müzesi)

Der Marmorsarkophag des Königs Abdalonymos von Sidon 4. Jh. v. Chr.) ist als Alexandersarkophag bekannt. Reliefs zeigen Alexander den Großen in der Schlacht bei Issos gegen die Perser 333 v. Chr *(siehe S. 16f)*.

3 Militärmuseum (Askeri Müze)

Zu den vielen faszinierenden Exponaten gehören Krummdolche *(cembiyes)* osmanischer Infanteristen aus dem 15. Jahrhundert und Zelte, die Sultane auf Feldzügen benutzten. Die im 14. Jahrhundert gegründete Mehter-Kapelle spielt täglich um 15 Uhr osmanische Militärmusik *(siehe S. 79f)*.

4 Sakıp-Sabancı-Museum (Sakıp Sabancı Müzesi)

Das von Einheimischen als »Pferdepavillon« bezeichnete Museum birgt Kunstwerke aus dem Nachlass des türkischen Magnaten Sakıp Sabancı. Es zeigt osmanische Kalligrafien aus 500 Jahren sowie türkische Gemälde aus dem 19. und 20. Jahrhundert. Es finden auch Wechselausstellungen statt *(siehe S. 91)*.

Pferdeskulptur vor dem Sakıp-Sabancı-Museum

5 Museum für türkische und islamische Kunst (Türk ve İslam Eserleri Müzesi)

Die Sammlung in dem Palast von İbrahim Paşa (16. Jh.) umspannt 1300 Jahre islamischer und türkischer Kunstgeschichte. Zu den Exponaten zählen wunderschöne Kalligrafien, Manuskripte und türkische Miniaturen *(siehe S. 57)*.

Mehter-Kapelle vor dem Militärmuseum

Das Schifffahrtsmuseum im Internet **www.denizmuzeleri.tsk.tr**

6 İstanbul Modern – Museum für Moderne Kunst (İstanbul Modern Sanat Müzesi)

Türkische Kunst war über Jahrhunderte für Tradition statt Innovation bekannt. Zeitgenössische Künstler beschreiten neue Wege. Das umgebaute Lagerhaus am Bosporus ist idealer Ausstellungsraum für die Werke *(siehe S. 89)*.

7 Rahmi-Koç-Museum (Rahmi Koç Müzesi)

In einer osmanischen Gießerei und der nahen Werft am Goldenen Horn sind mechanische Objekte von Oldtimern und Modellflugzeugen bis hin zu einem U-Boot zu sehen *(siehe S. 74)*.

8 Sadberk-Hanım-Museum (Sadberk Hanım Müzesi)

Zwei sorgfältig restaurierte Villen am Bosporus beherbergen faszinierende Sammlungen von antiken anatolischen Artefakten, osmanischen Trachten und Keramik *(siehe S. 91)*.

Attische Vase, Sadberk-Hanım-Museum

9 Schifffahrtsmuseum (Deniz Müzesi)

Die osmanische Flotte beherrschte jahrhundertelang die Meere. Zu den Hauptattraktionen des Museums über die Geschichte der Seefahrt zählen die königlichen Kaiken *(siehe S. 89)*.

10 Pera-Museum (Pera Müzesi)

Die faszinierenden Sammlungen präsentieren moderne Kunst ebenso wie antike Gewichte und Messinstrumente *(siehe S. 80)*.

Top 10 Kleine Museen

1 santralistanbul
In dem ehemaligen Silahtarağa-Kraftwerk ist zeitgenössische Kunst zu sehen.
Eyüp • (0212) 444 04 28

2 Mevlevi-Loge
Hauptattraktion sind tanzende Derwische *(siehe S. 82)*.

3 Yapı Kredi Vedat Nedim Tör Müzesi
Die kleine private Kunstsammlung wird von der Bank Yapı Kredi finanziert *(siehe S. 82)*.

4 Eisenbahnmuseum, Bahnhof Sirkeci
Das Silberservice aus dem Orient-Express ist Juwel der 300 Exponate *(siehe S. 58)*.

5 SAV Otomobil Müzesi
100 Jahre Automobilgeschichte mit Rolls-Royce und Ferrari *(siehe S. 92)*.

6 Aşiyan-Museum
Die Villa am Bosporus ehrt Dichter und Denker des 20. Jahrhunderts *(siehe S. 90)*.

7 İstanbul İslam Bilim ve Teknoloji Müzesi
Das Museum zeigt historische astronomische, medizinische und militärische Gerätschaften.
Has Ahirlar Binaları, Gülhane-Park • (0212) 528 80 65

8 Florence-Nightingale-Museum
Besucher sehen Privaträume und Operationssaal der Krankenschwester *(siehe S. 96)*.

9 Luftfahrtmuseum (Havacılık Müzesi)
Unweit des Atatürk-Flughafens sind alte Flugzeuge und Flugzeugmodelle ausgestellt.
Yeşilyurt • (0212) 663 24 90

10 Atatürk-Museum
Das Stadthaus ist dem großen Staatsmann gewidmet.
Halazkargazi Cad, Şişli • Karte T4 • (0212) 240 63 19

Links **Hagia Sophia** Mitte **Erlöserkirche des Chora-Klosters** Rechts **Theodosianische Mauer**

Byzantinische Bauwerke

1 Hagia Sophia (Aya Sofya)

Die von Kaiser Justinian im 6. Jahrhundert geweihte Kirche zählt zu den architektonischen Meisterleistungen der Menschheit. Justinian war so stolz auf die Basilika, dass er rief: »Gelobt sei Gott, der mich würdig erachtete, dies Werk zu vollenden. Solomon, ich habe dich überflügelt.« *(siehe S. 12f).*

2 Hippodrom, At Meydanı

Auf der 450 Meter langen Bahn wurden Pferderennen veranstaltet. Das 100 000 Zuschauer fassende Stadion war auch Schauplatz von Feiern. Während des Nika-Aufstands 532 starben im Hippodrom 30 000 Menschen *(siehe S. 57).*

3 Zisternen

Zur Sicherung der Trinkwasserversorgung in Friedens- wie in Belagerungszeiten entstanden in byzantinischer Zeit unter der Stadt mehrere große Zisternen. Die Cisterna Basilica (Yerebatan Sarnıcı; *siehe S. 58)* und die Zisterne der 1001 Säulen (Binbirdirek Sarnıcı; *siehe S. 60)* sind besonders beeindruckend.

Relief am Ägyptischen Obelisken, Hippodrom

4 Erlöserkirche des Chora-Klosters (Kariye Camii)

Die wunderbaren Mosaiken und Fresken in der byzantinischen Kirche aus dem 11. Jahrhundert lohnen den Besuch *(siehe S. 22f).*

5 Theodosianische Mauer (Teodos II Surları)

Die von Kaiser Theodosius II. zwischen 412 und 422 errichtete Mauer bot der Stadt 1000 Jahre lang Schutz: Sie hielt über 20 Angriffen von Hunnen, Arabern, Bulgaren, Türken und Russen stand. 1453 überwanden die Osmanen das Bollwerk *(siehe S. 32).* Die Mauer wurde teilweise restauriert *(siehe S. 75).*

6 Mosaikenmuseum (Mozaik Müzesi)

Von dem Großen Palast der byzantinischen Kaiser sind Ruinen erhalten. In dem kleinen Museum wurde der in den 1930er Jahren entdeckte Mosaikgang, der von dem Palast zur Kaiserloge des Hippodroms führte, rekonstruiert. Das Bodenmosaik zeigt Darstellungen von Tieren und Jagdszenen *(siehe S. 60).*

Cisterna Basilica

Weitere Gotteshäuser in Istanbul **siehe S. 38f**

7 Bukoleon-Palast (Bukoleon Sarayı)

Die Ruinen des Palasts liegen am Fuß des hinter Sultanahmet aufragenden Hügels im Schutz der alten Seemauer *(siehe S. 61)*.

8 Valens-Aquädukt (Bozdoğan Kemeri)

Der Aquädukt aus dem 4. Jahrhundert ist gut erhalten. Durch die Kanäle des Bogenbaus wurde Trinkwasser aus dem Belgrader Wald in die byzantinische Hauptstadt geleitet. Der Aqädukt war bis in das 19. Jahrhundert in Gebrauch *(siehe S. 73)*.

Hagia Eirene

9 Hagia Eirene (Aya İrini Kilisesi)

Die Kirche im äußeren Hof des Topkapı-Palasts ist eine der ältesten Istanbuls. Bis zur Errichtung der Hagia Sophia war sie Hauptkirche der Stadt. Das Gotteshaus ist heute meist nur zu Konzerten geöffnet *(siehe S. 61)*.

10 Pammakaristos-Kirche (Fethiye Camii)

Das große byzantinische Gotteshaus aus dem 12. Jahrhundert diente im 15. und 16. Jahrhundert als weltweites Zentrum der griechisch-orthodoxen Kirche. Sultan Murad III. ließ das Gebäude 1591 in eine Moschee umwandeln. In dem Museum in der ehemaligen Seitenkapelle sind wunderbare Mosaiken ausgestellt *(siehe S. 73)*.

Top 10 Byzantinische Herrscher

1 Konstantin der Große (306–337)
Der Kaiser machte Konstantinopel zur Hauptstadt des Römischen Reichs *(siehe S. 32)*.

2 Theodosius II. (408–450)
Theodosius erstellte einen Gesetzeskodex, gründete eine Universität und errichtete Stadtmauern *(siehe S. 75)*.

3 Justinian I. (527–665)
Justinian I. ließ großartige Bauwerke wie die Hagia Sophia errichten *(siehe S. 12f)* und reformierte die Gesetze.

4 Theodora (527–548)
Die Tochter eines Bärenwärters war Gattin Justinians I.

5 Justinian II. (685–695 / 705–711)
Nach der Entthronung wurde Justinian die Nase abgeschlagen, da entstellte Personen keinen Anspruch auf den Kaisertitel hatten. Justinian eroberte den Thron zurück – mit einer Nasenprothese aus Gold.

6 Irene von Athen (797–802)
Irene war die erste Frau, die das Reich allein regierte.

7 Basileios I. (867–886)
Der Liebhaber Michaels III. wurde 866 Mitregent, tötete Michael und herrschte allein.

8 Zoë (1028–1050)
Die bei der Krönung 50-Jährige heiratete noch drei Mal.

9 Romanos IV. Diogenes (1068–1072)
Romanus wurde 1071 bei Manzikert von den Seldschuken besiegt und ins Exil getrieben.

10 Konstantin XI. Palaiologos (1448–1453)
Der letzte byzantinische Kaiser starb 1453 im Kampf um Konstantinopel.

Links **Atik-Valide-Moschee** Mitte **Grab Sinans, Süleymaniye-Moschee** Rechts **St.-Georgskirche**

Gotteshäuser

1 Süleymaniye-Moschee (Süleymaniye Camii)

Die Moschee dominiert die Silhouette des Goldenen Horns. Der Architekt Mimar Sinan errichtete das Meisterwerk *(siehe S. 20f)* zwischen 1550 und 1557 im Auftrag Suleimans I. *(siehe S. 32, S. 33, S. 58)* auf dem Gelände des ehemaligen Eski Saray.

2 Blaue Moschee (Sultanahmet Camii)

Sultan Ahmed I. beauftragte den Bau der Blauen Moschee, der von dem Hofarchitekten Mehmed Ağa, einem Schüler Sinans, von 1609 bis 1616 realisiert wurde. Der Name der Moschee geht auf die blauen İznik-Kacheln zurück, die den Innenraum zieren *(siehe S. 14f)*.

Blaue Moschee

3 Fatih-Moschee (Fatih Camii)

Die ursprüngliche Fatih-Moschee ließ Mehmed II. anlässlich der Eroberung Konstantinopels 1453 errichten. Der Name bedeutet »Moschee des Eroberers«. Sie wurde 1766 durch ein Erdbeben zerstört, danach entstand der heutige Bau *(siehe S. 73)*.

4 Eyüp-Sultan-Moschee (Eyüp Sultan Camii)

Die nach dem Erdbeben von 1766 wieder aufgebaute Moschee am Goldenen Horn ist einer der heiligsten Orte des Islam. Sie wurde um das Grab von Eyüp Ensari, dem Träger der Standarte des Propheten Mohammed und Heiligen des 7. Jahrhunderts, errichtet *(siehe S. 74)*.

5 Atik-Valide-Moschee (Atik Valide Camii)

Die »Alte Moschee der Sultansmutter«, eine der schönsten Istanbuls und Sinans letztes großes Werk, entstand 1583 für die Mutter Murads III., Konya Nurbanu *(siehe S. 95)*.

6 St.-Georgskirche (Aya Yorgi)

Die St.-Georgskirche (1720) auf dem Gelände des griechisch-orthodoxen Patriarchats enthält ein aus dem 11. Jahrhundert datierendes Marienmosaik *(siehe S. 76)*.

Innenraum der Fatih-Moschee

In Istanbul leben heute etwa 25 000 Juden.

7 Neve-Shalom-Synagoge (Neve Şalom Sinagogu)

Die 1949 bis 1951 für die sephardisch-jüdische Gemeinde erbaute Synagoge ist die größte Istanbuls. Schon in römischer Zeit siedelten Juden in der Stadt. Nach der Vertreibung der Juden aus Spanien 1492 wuchs die jüdische Gemeinde. ◎ *Büyük Hendek Cad 61 • Karte F2 • (0212) 292 03 86 • tel. Voranmeldung • www.nevesalom.org*

8 Kirche St. Maria der Mongolen (Kanlı Kilise)

Prinzessin Maria Palaiologina, die uneheliche Tochter des byzantinischen Kaisers Michael VIII. Palaiologos, wurde mit dem mongolischen Khan Abagu vermählt. Nach dessen Tod 1281 gründete sie ein Kloster und diese Kirche. Sie blieb als einzige griechisch-orthodoxe Kirche Istanbuls von der von Mehmed dem Eroberer angeordneten Umwandlung in eine Moschee verschont *(siehe S. 76)*.

Detail, Kirche St. Maria der Mongolen

9 St. Antonius von Padua

Istanbuls größte römisch-katholische Kirche wurde von 1907 bis 1912 erbaut. Sie beherbergt eine kleine Gemeinde von Franziskanermönchen *(siehe S. 82)*.

10 Christ Church

Die 1868 als Crimean Memorial Church geweihte Kirche wurde in den 1990er Jahren umbenannt. Nach Beschädigung bei dem Bombenanschlag auf das Britische Konsulat 2003 ist sie inzwischen renoviert *(siehe S. 82)*.

Top 10 Islamische Etikette

1 Schuhe
Bevor man eine Moschee oder ein Privathaus betritt, zieht man die Schuhe aus.

2 Männer & Frauen
Männer sollten Frauen (außer Angehörige) nur berühren, wenn diese von sich aus Hand oder Wange zur Begrüßung reichen.

3 Linke Hand
Da man sich traditionell mit der linken Hand wäscht, geziemt es sich nicht, mit dieser Hand zu essen.

4 Alkohol & Schweinefleisch
In der Türkei wird Alkohol konsumiert. Besucher sollten dennoch Moslems nie Alkohol oder Schweinefleisch anbieten und beides selbst nur genießen, wenn die Begleitung daran keinen Anstoß nimmt.

5 Familienzimmer
Männer dürfen die separaten Räume *(aile salonu)* in Cafés und Restaurants nur in Begleitung ihrer Familien nutzen.

6 Kleidung
Kleidung sollte Knie und Schultern bedecken. Auch bauchfreie Kleidung geziemt sich nicht.

7 Kopfbedeckung
Frauen bedecken bei Besuchen von Moscheen das Haar.

8 Ramadan
Im Fastenmonat Ramadan sollte man tagsüber in der Öffentlichkeit weder essen noch trinken.

9 Besuch von Moscheen
Die Besichtigung von Moscheen empfiehlt sich außerhalb der Gebetszeiten.

10 Witze über den Islam
Kritik am Islam und Witze darüber sind verpönt.

Links **Frische Fischsandwichs** Mitte **Kalte** *meze* wie *tarama* und *haydari* Rechts **İmam bayıldı**

10 Spezialitäten

1 Meze

Die Vorspeisen sind typischer Bestandteil einer türkischen Mahlzeit. Die Auswahl an *meze* ist umfangreich: Kalte Vorspeisen reichen von *haydari* (Käsecreme mit Minze und Knoblauch) über *midye pilaki* (in Olivenöl gegarte Muscheln) oder *çerkez tavuğu* (Hühnchen in Walnusssauce). Zu den warmen Vorspeisen zählen Hähnchenleber, Calamari, gegrillter Käse und außergewöhnliche Gerichte wie *koç yumurtası* (gebratene Hammelhoden).

2 İmam Bayıldı (»Der Imam fiel in Ohnmacht«)

Die mit Tomaten und Zwiebeln gefüllten Auberginen sind ein klassisches türkisches Gericht. Der Sage nach war ein Imam von der Speise so begeistert, dass er vor lauter Verzückung in Ohmacht fiel. Auberginen sind wichtiger Bestandteil der türkischen Küche. Unter osmanischen Hofköchen waren angeblich 150 Zubereitungsarten bekannt.

3 Çoban Salatası (»Schäfersalat«)

Der leichte, leckere Salat wird mit Tomaten, Gurke, Paprika, Blattsalat, Koriander, Sellerie, Zitronensaft und Olivenöl zubereitet. Türkische Tomaten sind außerordentlich schmackhaft.

4 Dolma

Dolma bedeutet »gefüllt«. Der Begriff bezeichnet verschiedene Arten von gefülltem Gemüse – von Paprika bis Auberginen. Am geläufigsten sind die mit Reis, Zwiebeln, Nüssen und Kräutern gefüllten Weinblätter.

5 Kebab & Köfte

Der bekannteste kulinarische Exportartikel der Türkei ist Kebab. *Döner kebap* besteht aus von einem Drehspieß geschnittenen dünnen Scheiben Fleisch (meist Lammfleisch). *Şiş kebap* ist gewürfeltes Lamm- oder Hähnchenfleisch auf kleinen Spießen. *Köfte* sind zu Frikadellen verarbeitetes Hackfleisch. Um einen Spieß gestrichenes, gegrilltes Hackfleisch heißt *izgara kebap*.

Kebab und Köfte

6 Fisch

In der am Meer gelegenen Stadt ist *balık* (frischer Fisch) sehr beliebt. Er wird meist gegrillt mit Reis oder Pommes frites und Salat serviert. Meeresfrüchte und Calamari gibt es als *meze*. *Hamsi pilavı* (Sardellen mit Reis) sind ein köstliches Schwarzmeergericht.

7 Eintöpfe (Güveç)

Deftige Eintöpfe werden v. a. im Winter in traditionellen *lokantas (siehe S. 110)* angeboten. Sie enthalten Lammfleisch, Tomaten und Zwiebeln.

Börek

8 Die herzhaften, als *meze* oder Snack servierten Pasteten sind mit Käse, Spinat, Zwiebeln oder Fleisch gefüllt. Es gibt sie in flacher oder gerollter Form. *Börek* sind als kleine Zwischenmahlzeit sehr beliebt.

Gebäck

9 Süßes Gebäck ist in Spezialgeschäften und an Straßenständen erhältlich. Urlauberrestaurants servieren es als Dessert. *Baklava*, das bekannte, in Sirup getränkte Gebäck aus Blätterteig, ist in vielen Varianten erhältlich. Mit Honig, Marzipan, Mandeln und Pistazien verfeinerte *baklava* sind köstlich – und kalorienreich.

Türkisches Gebäck

Tee & Kaffee

10 Tee *(çay)* und Kaffee *(kahve)* werden in der Türkei schwarz und mit viel Zucker serviert. Beide Getränke sind sehr stark, auf Wunsch sind sie auch schwächer und ohne Zucker erhältlich. Tee wird immer und überall konsumiert. Zu dem teureren, seltener getrunkenen Kaffee wird ein Glas Wasser gereicht. Löslicher Kaffee ist als Nescafé bekannt.

Top 10 Gaumenfreuden

1 Eiscreme
Salepli dondurma wird mit wilden Orchideenknollen als Verdickungsmittel hergestellt. Das Eis kann bis zu 60 Zentimeter lang gezogen werden.

2 İşkembe Çorbası
Die ortstypische Spezialität lindert angeblich Beschwerden nach Alkoholgenuss.

3 Kanlıca-Joghurt
Der cremige Joghurt aus Kanlıca ist der beste im Land.

4 Lokum
Die Erfindung eines Istanbuler Zuckerbäckers *(siehe S. 32)* wird allerorten in vielen Geschmacksrichtungen, z. B. mit Minze und Zitrone, verkauft. Der Originalladen existiert noch. ◈ *Hamidiye Cad 81, Bahçekapı • Karte Q2 • (0212) 522 85 43*

5 Simit
Das ringförmige Hefeteiggebäck ist mit Sesam garniert.

6 Gözleme
Die großen gerollten Pfannkuchen sind mit pikanten Zutaten gefüllt.

7 Mantı
Die mit Lammfleisch gefüllten Teigtaschen werden in Knoblauchsauce serviert.

8 Aşure
Der Sage nach bereitete Noahs Frau die Süßspeise aus sämtlichen auf der Arche verfügbaren Zutaten zu.

9 Elma Çayı
Bei Verkaufsgesprächen bieten Teppichhändler häufig Apfeltee an.

10 Rakı
Ähnlich dem griechischen Ouzo wird dem aus Trauben gebrannten Schnaps meist Anis zugesetzt.

Aşure *enthält Kichererbsen, Bohnen, Weizen, Reis, Wasser, Rosinen und Puderzucker.*

Links **Kanyon, Levent** Mitte **Glaslampen, Großer Basar** Rechts **Bücherbasar**

🔟 Shopping

1 Großer Basar (Kapalı Çarşı)

Der Große Basar ist einer der ältesten, größten und lebendigsten Märkte der Welt. Im 15. Jahrhundert wurde hier mit Seide, Gewürzen und Gold gehandelt. Heute sind auf dem Basar zudem Lampen, Lederwaren und Teppiche erhältlich *(siehe S. 18f)*.

Ägyptischer Basar

2 Ägyptischer Basar (Mısır Çarşısı)

Auf dem auch als Gewürzbasar bekannten Markt sind viele schöne Mitbringsel erhältlich: An den Ständen werden neben Gewürzen und türkischen Süßwaren viele weitere preiswerte Souvenirs angeboten *(siehe S. 69)*.

3 Kazlıçeşme, Zeytinburnu

Auf halber Strecke zwischen Istanbuls Altstadt und dem Flughafen liegt das ehemalige Zentrum der Lederindustrie. Heute befinden sich dort Fabrikverkaufsstellen vieler der besten Lederwarenproduzenten der Türkei. In Kazlıçeşme sind wunderbare Lederjacken und -mäntel erhältlich. Bei frühzeitigem Erscheinen in den Geschäften kann man auch Maßanfertigungen bestellen. Zentrum der betriebsamen Gegend ist die Zübeyde Hanım Caddesi. Sie bildet den besten Ausgangspunkt für die Erkundung der zahlreichen Läden. ◎ *Tram Zeytinburnu*

4 Bücherbasar (Sahaflar Çarşısı)

Auf dem Gelände wurden ursprünglich auf Pergament geschriebene Koransuren verkauft. Heute finden Besucher eine große Auswahl antiquarischer und gebrauchter Bücher (auch Taschenbücher) in verschiedenen Sprachen vor *(siehe S. 70)*.

5 İstiklal Caddesi

In der Haupteinkaufsstraße Istanbuls herrscht immer reger Betrieb. Nach der Jagd nach preiswerter Designermode bei İş Merkezi oder eleganten Wohnaccessoires bei Koton laden viele Cafés zur Entspannung ein.

6 Kanyon, Levent

Das größte und vielleicht beste Shopping-Center der Stadt zieht eine stilbewusste Kundschaft an *(siehe S. 83)*.

7 Nişantaşı

Nişantaşı und das benachbarte Teşvikiye sind Istanbuls Shopping-Viertel für internationale Designermode. In den Läden findet man Bekleidung z. B. von Versace und Dior. Die Edelboutiquen gleichen denen anderer Großstädte *(siehe S. 83)*.

➡ *Verschaffen Sie sich in mehreren Läden einen Überblick über den Preis eines Produktes. Feilschen Sie ausgiebig in höflicher Art.*

8 İstinye Park

Die Architektur des 2007 eröffneten, gehobenen Shopping-Centers in dem außerhalb des Stadtzentrums gelegenen Wohnviertel İstinye ist beeindruckend. Läden, Restaurants, Freizeiteinrichtungen und Boutiquen mit Designermode von Hugo Boss, Louis Vuitton und der türkischen Kette Vakko säumen die lichtdurchfluteten Passagen.

◈ İstinye Bayırı Cad • (0212) 345 55 55
• www.istinyepark.com.tr

9 Kavalleriebasar (Arasta Çarşısı)

Der kleine, edle Basar bietet die besten Souvenirläden in Sultanahmet. In den einstigen osmanischen Stallungen werden Kunsthandwerk, Teppiche und Schmuck verkauft. Der Basar liegt in einer ruhigen Umgebung nahe vielen großen Hotels und Sehenswürdigkeiten (siehe S. 60, S. 114).

10 Çukurcuma, Galatasaray

In dem bezaubernden historischen Stadtviertel Beyoğlu säumen Antiquitäten- und Secondhand-Läden die Turnacıbaşı Sokağı und andere Straßen. Die Gegend lädt zu einem schönen Bummel ein (siehe S. 83).

Antiquitätenladen, Çukurcuma

Top 10 Souvenirs

1 Teppiche
Teppiche (siehe S. 44f) sind die Krönung des türkischen Kunsthandwerks.

2 Schmuck
Edelmetalle werden nach Gewicht verkauft, mit einem Zuschlag für die Bearbeitung. Das Angebot ist vielfältig. Auch Sonderanfertigungen werden durchgeführt.

3 Leder
Jacken, Taschen, Geldbeutel und Gürtel sind in verschiedenen Ausführungen zu günstigen Preisen erhältlich. Sie werden auch maßgefertigt.

4 Kleidung
Ansprechende, qualitativ hochwertige Mode ist häufig außerordentlich günstig.

5 Textilien
Im Land gefertigte Baumwoll- und Seidenprodukte sind sehr preiswert. Seidenschals sind hübsche Mitbringsel.

6 Gewürze
Die farbenfrohen Auslagen mit Gewürzen verlocken zum Kauf. Achten Sie beim Erwerb von Safran darauf, dass es sich nicht um den »Falschen Safran« Saflor handelt.

7 Reproduktionen
Reproduktionen osmanischer Miniaturen sind hübsche Dekorationsgegenstände für das eigene Zuhause.

8 Klassisches
Spitze Pantoffeln und Bauchtanzkostüme sind lustige Mitbringsel.

9 Blaue Perlen
Sie dienen als Talismane gegen den »bösen Blick«.

10 Spezialitäten
Türkisches Nougat, Mandeln, Haselnüsse, Honig und viele andere Lebensmittel eignen sich gut als Souvenirs.

Links **Klare Struktur der Teppichrückseite** Mitte **Weberin** Rechts **Geknüpfter** *cicim*

Teppiche

1 Herkunft

Türkische Webtechniken wurden seit der Antike an nachfolgende Generationen überliefert. Die Kunst geht auf zentralasiatische Nomaden zurück, die dick gesponnenes Ziegenhaar bei der Herstellung von Zelten, Bodenbedeckungen und Kinderwiegen verwendeten. Das Material war warm und wasserabweisend. Bald wurden die Webstücke auch als Wandbehänge eingesetzt.

2 Geknüpfte Teppiche

Ein Teppich *(hali)* ist echt, wenn er einen geknoteten Flor besitzt. Bei Knüpfteppichen sind Kettfäden (vertikal) und Schussfäden (horizontal) flach gewebt. Bei *kilims* werden mit den Schussfäden Muster in die Kettfäden gewebt. Die durch einen dritten Faden eingewebten Muster von *cicims* wirken wie Stickarbeiten. Die Oberfläche der aufwendigen *sumaks* bedecken Musterfäden.

3 Antike Teppiche

Kilims werden in der Türkei seit ca. 8000 Jahren gewebt. Erhaltene Fragmente geknüpfter Teppiche sind bis zu 2000 Jahre alt, die ältesten vollständigen Teppiche (13. Jh.) wurden von Seldschuken in Konya und Beyşehir in Zentralanatolien gefertigt.

Teppich aus Hereke

4 Material

Grundmaterialien der Teppiche sind Baumwolle, Leinen, Wolle, Ziegenhaar, Florettseide und Seide. Bei edlen Teppichen werden Kettfäden aus Baumwolle sowie Schussfäden aus Wolle oder Seide verwendet. Knüpfteppiche sind meist aus Baumwolle.

5 Farben

Preiswerte Teppiche sind meist chemisch gefärbt. Bei der Herstellung edler Teppiche werden nach traditioneller Art Pflanzenextrakte verwendet: Kamille, Salbei und Safran lassen gelbe, Indigo blaue Farbe entstehen. Krapp wird für rote, orange, rosa und lila Farbgebung verwendet.

6 Königliche Hofmanufaktur Hereke

Die Manufaktur 60 Kilometer östlich von Istanbul wurde 1843 für die Produktion von Teppichen für den osmanischen Hof gegründet. Die großen, edlen Produkte wurden aus Bursa-Seide gefertigt.

7 Gebetsteppiche

Auf Gebetsteppichen *(namazlık)* ist meist ein *mihrab* (Gebetsnische) abgebildet. Ihre Größe macht sie bequem zu transportieren. Fünfmal täglich richten Muslime die Teppiche gen Mekka aus und knien zum Gebet nieder.

Die Königliche Hofmanufaktur Hereke im Internet
www.hereke-carpets.com

Gebetsteppich

Muster

8 Frauen webten ihre Lebensgeschichte in die Teppiche. Das Motiv *elibelinde* (»in die Hüften gestemmte Arme«) steht für Glück, achtzackige Sterne symbolisieren das Schicksal, »Hände auf den Hüften« die Muttergöttin, Widderhörner Heldentum.

Anzahl der Knoten

9 Teppiche, die viele Knoten besitzen, sind dichter gewebt und langlebiger. Das Muster dieser Teppiche zeichnet sich auf der Rückseite ab. Preiswerte Teppiche weisen zwölf, hochwertige, aus Wolle und Baumwolle gefertigte Teppiche etwa 50 Knoten pro Quadratzentimeter auf. Exklusive Seidenteppiche aus Hereke besitzen 324 Knoten pro Quadratzentimeter, d. h. 3 240 000 Knoten pro Quadratmeter.

Stilrichtungen

10 Teppiche besaßen einst viele, für einzelne Regionen charakteristische Stile. Da die Hersteller sich heute an den Exportmärkten orientieren, sind die Unterschiede im Verschwinden begriffen.

Top 10 Tipps für den Teppichkauf

Maße
1 Entscheiden Sie vor der Reise über Größe und Farbe des Teppichs für Ihr Zuhause.

Preisniveau
2 Verschaffen Sie sich in einem Laden mit Festpreisen einen Überblick.

Geduld
3 Nehmen Sie sich bei dem Einkauf Zeit. Der angebotene Tee und das Vorzeigen der Ware gehören für den Teppichhändler zum Service.

Knoten
4 Überprüfen Sie die Anzahl der Knoten, um die Qualität des Teppichs zu bestimmen.

Chemiefarben
5 Günstige Teppiche sind meist chemisch gefärbt und mit Chlor behandelt. Tupfen Sie eine Ecke mit einem feuchten Tuch ab, um zu prüfen, ob die Farbe hält.

Herkunft
6 Fragen Sie nach Alter und Herkunft des Teppichs.

Feilschen
7 Nennen Sie etwa die Hälfte des geforderten Preises.

Versand
8 Angebote des »Gratis«-Versands lohnen nicht, da nur bei eigenhändiger Ausfuhr Steuerrückerstattung möglich ist.

Steuern
9 Zahlungen per Rechnung oder Kreditkarte erhöhen die Kosten, da der Händler die Mehrwertsteuer melden muss. Lassen Sie sich ein Formular für die Rückerstattung bei der Ausreise aushändigen.

Zertifikat
10 Antiquitäten dürfen nur mit Zertifikat des Kultusministeriums ausgeführt werden (siehe S. 109).

Black Eyed Peas, Efes Pilsen One Love Festival

Festivals & Veranstaltungen

1 International Istanbul Film Festival

Seit der Gründung 1982 wurden auf dem Festival über 3000 Filme aus 76 Ländern gezeigt. Höhepunkt der zweiwöchigen Veranstaltung ist die seit 1996 stattfindende Auszeichnung von Künstlern für ihr Lebenswerk. Zuletzt erhielten Alain Delon und Jeanne Moreau den Preis. Die meisten Vorführungen finden nahe der İstiklal Caddesi statt. ✆ *verschiedene Veranstaltungsorte • (0212) 334 07 00 • Apr • www.iksv.org*

2 Kirschenfestival

Das Fest in Polonezköy (*siehe S. 52*) feiert die Kirschernte und das polnische Erbe des reizenden Dorfs. Die Feier mit polnischem Gesang, Tanz und anderen Kulturveranstaltungen ist ein einzigartiges Ereignis. In dem beschaulichen Ort, der auch für Honig, Blumen und Folklore bekannt ist, herrscht während des Festivals Hochbetrieb. ✆ *Juni • www.polonezkoy.com*

3 Efes Pilsen One Love Festival

Auf dem zweitägigen Musikfestival treten internationale Stars wie Morrissey, Black Eyed Peas und Manu Chao sowie türkische Rockbands auf. ✆ *Veranstaltungsorte telefonisch erfragen • (0212) 444 33 37 • Juni • www.efespilsenonelove.com*

4 International Istanbul Music and Dance Festival

An dem seit 1973 stattfindenden Festival nehmen renommierte Solisten, Ensembles und Orchester teil. Zum Veranstaltungsprogramm gehört die jährliche Aufführung von Mozarts Oper *Die Entführung aus dem Serail* im Topkapı-Palast. ✆ *verschiedene Veranstaltungsorte • (0212) 334 0700 • Juni • www.iksv.org*

Mozarts Entführung aus dem Serail, International Istanbul Music and Dance Festival

5 Internationale Schwimm-, Ruder- und Segelwettbewerbe

Sportler verschiedener Disziplinen überqueren den Bosporus von der asiatischen auf die europäische Seite Istanbuls. Schwimmer starten in Kanlıca, Ruderer in Arnavutköy und Segler in Kandilli. Alle drei Wettkämpfe enden in Kuruçeşme. Die Veranstaltung beinhaltet auch Vorführungen mit Wasserski, Jetski sowie Tanzauftritte und Konzerte von Militärkapellen. ✆ *Juli • www.olimpiyatkomitesi.org.tr*

Segelboote auf dem Bosporus

Şeker Bayramı: 30. Aug – 1. Sep 2011, 19. – 21. Aug 2012.

Die italienische Jazzband Funk Off auf der İstiklal Caddesi, International Istanbul Jazz Festival

6 International Istanbul Jazz Festival

Das Jazzfestival wurde nach einem Konzert von Chick Corea und Steve Kujala auf dem International Istanbul Music and Dance Festival 1984 initiiert. Seit 1994 existierte es als eigenständige Veranstaltung. Das breite musikalische Spektrum reicht von Björk über Elvis Costello bis zu Brad Mehldau. Clubs, Freilichtbühnen und ein Boot auf dem Bosporus gehören zu den vielfältigen Veranstaltungsorten.
🐾 *verschiedene Veranstaltungsorte*
• *(0212) 334 07 00 • Juli • www.iksv.org*

7 Großer Preis der Türkei

In Istanbul Park auf der asiatischen Seite des Bosporus bei Tuzla findet jeden August vor 125 000 Zuschauern ein Grand-Prix-Rennen in Formel 1 statt. Flüge und Hotels sind Monate im Voraus ausgebucht. Das Jahr über finden auf der Anlage auch nationale Wettbewerbe und kleinere Veranstaltungen statt. Die Rennstrecke kann man auf Führungen besichtigen.
🐾 *Istanbul Park, Tuzla (asiatische Seite)*
• *Aug • www.formula1-istanbul.com*

8 International Istanbul Bienali

Das Festival präsentiert zeitgenössische Kunst aus der Türkei und der ganzen Welt. Die Kuratoren entstammen bei jedem Festival einer anderen Nationalität. Sie legen das Thema fest und konzipieren Ausstellungen, Konferenzen und Workshops. 🐾 *verschiedene Veranstaltungsorte • (0212) 334 07 00*
• *Sep–Nov, jedes zweite Jahr (2011, 2013, 2015) • www.iksv.org*

9 Zuckerfest (Şeker Bayramı)

Das Fest markiert das Ende des Fastenmonats Ramadan. Die Menschen verteilen Süßigkeiten und besuchen Verwandte. Es finden Veranstaltungen statt, in den Bars und Clubs herrscht wieder Betrieb. Viele nutzen die freien Tage auch für kurze Reisen.
🐾 *dreitägig, variierende Daten*

10 Opferfest (Kurban Bayramı)

Das auch als Eid-ul-Adha bekannte Fest erinnert nach islamischer Überlieferung an die verhinderte Opferung von Ismael durch seinen Vater Abraham. Es findet zwei Monate und zehn Tage nach Ende des Ramadan statt. Am Morgen schlachten Gläubige ein Schaf. Freunde und Verwandte werden zum Festessen eingeladen, der Großteil des Fleisches wird jedoch wohltätigen Einrichtungen gespendet. Das Opferfest gilt als das höchste islamische Fest. Das öffentliche Leben steht während dieser Tage still.
🐾 *viertägig, variierende Daten*

Kurban Bayramı: 6.–9. Nov 2011, 25.–28. Nov 2012.

Links **Spielzeugmuseum** Rechts **Pferdekutsche, Büyükada**

Attraktionen für Kinder

1 Aqua Club Dolphin

Der große Wasserpark am Stadtrand Istanbuls bietet zahlreiche Rutschen und Fahrgeschäfte. Ein Besuch bietet erfrischende Abwechslung abseits des Trubels der Großstadt. ✆ Cemalpaşa Cad 1, Esenkent • (0212) 672 61 61
• tägl. 9–18 Uhr (Sommer: bis 19 Uhr)
• Eintritt • www.aquaclubdolphin.com

Süleymaniye-Moschee, Miniatürk

2 Miniatürk

In dem Freizeitpark auf dem Goldenen Horn sind viele bedeutende Bauwerke der Türkei im Maßstab 1:25 nachgebildet. Die Miniaturwelt ist für Kinder und Erwachsene gleichermaßen spannend (siehe S. 73).

3 Prinzeninseln (Kızıl Adalar)

Nehmen Sie die Fähre nach Büyükada oder Heybeliada und dann die Pferdekutsche zum Strand. Denken Sie daran, auch die Rückfahrt zu buchen (siehe S. 52).

4 Spielzeugmuseum (İstanbul Oyuncak Müzesi)

Das Museum zählt zu den jüngsten in Istanbul. Es besitzt etwa 4000 Exponate, die von Flicken-puppen türkischer Kinder bis zu Flugzeugen, Blechspielzeug, Modelleisenbahnen und einer Wildwestgalerie reichen (siehe S. 97).

5 Fähren auf dem Bosporus

Die auf dem Bosporus kreuzenden Fähren fahren an riesigen Tankschiffen, vornehmen Yachten und einfachen Fischerbooten vorbei. Zudem bietet sich ein herrlicher Blick auf die Stadt. Wegen der günstigen Tickets gehören die Fahrten zu den preiswertesten Unterhaltungsmöglichkeiten in Istanbul (siehe S. 28f, S. 104).

6 Galata-Turm (Galata Kulesi)

In dem 1348 errichteten, 62 Meter hohen runden Wachturm kann man viele Stufen hinaufsteigen. Es gibt aber auch einen Aufzug. Die Aussicht von der Turmspitze ist herrlich (siehe S. 79).

Der Galata-Turm und Beyoğlu

An Technik interessierte Kinder begeistert das Rahmi-Koç-Museum siehe S. 35, S. 74f

7 Europäische Festung (Rumeli Hisarı)
Die 1452 von Mehmed dem Eroberer innerhalb von vier Monaten erbaute Festung besitzt drei Türme, riesige Höfe und ein Rundtheater. Kinder haben hier viel Platz zum Toben *(siehe S. 90f)*.

Mehter-Kapelle, Militärmuseum

8 Mehter-Kapelle
Jahrhundertelang zog die Mehter-Kapelle mit osmanischen Truppen in den Kampf und spielte Marschmusik. Heute sind die Musiker in der rot-schwarz-goldenen Tracht im Militärmuseum zu hören *(siehe S. 80)*. Die Darbietungen sind laut und unterhaltsam.

9 Kochkurse
Im Istanbul Food Workshop können Kinder ab drei Jahren in Begleitung ihrer Eltern einen halbtägigen Kurs absolvieren. Das Kochen nach Anleitung der freundlichen Lehrer macht großen Spaß. ◈ *Yıldırım Cad 111, Tahtaminare Mahellesi, Fener • Karte L2 • (0212) 534 47 88 • www.istanbulfoodworkshop.com*

10 Pferderennen & Reiten
Auf der Veliefendi-Rennbahn finden mehrmals wöchentlich Pferderennen statt. Kinder können in dem Pony-Club kostenlos reiten. ◈ *Türkiye Jokey Kulübü Veliefendi Hipodromu, Ekrem Kurt Bulvarı, Bakırköy • (0212) 444 08 55 • Rennen: Mitte Apr–Mitte Nov, 2–3-mal wöchentl. • Eintritt • www.tjk.org*

Top 10 Grüne Oasen

1 Büyük Çamlıca
Von Istanbuls höchster Erhebung genießt man herrliche Sicht *(siehe S. 98)*.

2 Maçka Parkı
Auf dem einst zum Dolmabahçe-Palast gehörenden Gelände liegen einige Cafés. Im Sommer findet ein kleiner Jahrmarkt statt. ◈ *Karte B5*

3 Goldenes Horn
Die Westküste des Goldenen Horns wurde in eine Parklandschaft umgestaltet, die sich von Fener bis Eyüp erstreckt. ◈ *Karte A4–B5*

4 Sultanahmet-Platz
Die große Freifläche führt von Hagia Sophia und Blauer Moschee zum Hippodrom. Den Landschaftsgarten zieren Springbrunnen *(siehe S. 60)*.

5 Gülhane Parkı
Das ehemalige Außengelände des Topkapı-Palasts ist heute die größte Freifläche in der Altstadt *(siehe S. 61)*.

6 Beykoz-Wald (asiatische Seite)
Der Ort am Bosporus ist für Glasherstellung und Fischrestaurants bekannt. Der umliegende Wald lädt zu Spaziergängen ein. ◈ *Karte V3*

7 Belgrader Wald (Belgrat Ormanı)
Der Wald ist beliebtes Picknickgelände *(siehe S. 52)*.

8 Emirgan Parkı
Im April findet hier das Tulpenfest statt *(siehe S. 92)*.

9 Yıldız Parkı
Der Park gehörte einst zum Çırağan-Palast *(siehe S. 89, S. 92)*.

10 Polonezköy
Das 25 Kilometer nordöstlich von Istanbul gelegene Dorf umgibt ein Birkenwald *(siehe S. 52)*.

Links **Leb-i-Derya** Rechts **Körfez**

Restaurants

1 Rami
Das Restaurant ist wunderbar gelegen. Auf dem Balkon eines osmanischen Herrenhauses lassen sich mit Blick auf die beleuchtete Blaue Moschee romantische Candle-Light-Dinner genießen. Die Küche ist traditionell osmanisch *(siehe S. 63)*.

2 Leb-i-Derya
Das Restaurant zählt zu den vornehmsten der Stadt. Es bietet Cocktails, köstliche Speisen, fantastische Aussicht und Musik. Für einen Platz auf der Dachterrasse muss man frühzeitig erscheinen *(siehe S. 85)*.

3 Laledan
Die Küche des luxuriösen französischen Restaurants steht nicht außer Konkurrenz. Die prächtige, golden glänzende Einrichtung und die Lage am Bosporus sind jedoch unübertroffen *(siehe S. 93)*.

4 Seasons Restaurant
Das Four Seasons Hotel ist in einem ehemaligen osmanischen Gefängnis ansässig. Heute umgeben den hübschen Hofgarten Glaswände statt dicker Mauern. Das Hotelrestaurant serviert innovative mediterrane Speisen. Der Service ist zuvorkommend *(siehe S. 63)*.

5 Feriye Lokantası
Das elegante Restaurant in einer am Bosporus gelegenen Polizeiwache aus dem 19. Jahrhundert verleiht der türkischen Küche eine neue Note: Die Kombination aus traditionellen Speisen und europäischem Flair garantiert ein besonderes kulinarisches Erlebnis *(siehe S. 93)*.

6 Vogue
In dem Dachrestaurant genießt eine trendige Kundschaft Cocktails. Die Einrichtung mit weißem Leder und Chrom und die Speisekarte sind modern *(siehe S. 93)*.

7 Mikla
Von der Terrasse des eleganten Dachrestaurants des Marmara Pera Hotels bietet sich eine wunderbare Aussicht auf das Goldene Horn und Istanbul. Die mediterrane Küche kennzeichnen türkische und nordische Einflüsse. Die Einrichtung ist kühl und elegant, die Bar besitzt einen Pool. Auf den weißen Sofas kann man wunderbar entspannen.
⊙ *The Marmara Pera, Meşrutiyet Cad • Karte J5 • (0212) 293 56 56 • $$$$*

Seasons Restaurant

In allen hier angegebenen Restaurants ist Reservierung empfohlen.

8 360

Die Terrassenbar des 360 zieht ein elegantes junges Publikum an. Genießen Sie vor dem Essen die fantastische Aussicht auf den Bosporus und das Goldene Horn. Im Gastraum werden verschiedene Köstlichkeiten wie Meerfenchel mit Sojasprossen, vietnamesisches Rindertatar, Calamari im Polentamantel, Meeresfrüchterisotto, Lammlende, Margaritasorbet und *baklava* mit Pistazien serviert *(siehe S. 84)*.

Aussicht von der Terrasse des 360

9 Balıkçı Sabahattin

Das typisch türkische Fischrestaurant besteht seit 1927. Die Einrichtung des alten Gebäudes kennzeichnen antike Teppiche und Kupfertöpfe. Auf der Terrasse spielen Zigeuner Geigenmusik. Das Küche ist exzellent. Es gibt keine Speisekarte; Gäste wählen unter diversen *meze* und dem Fang des Tages *(siehe S. 63)*.

10 Körfez

Fischgerichte sind die Spezialität des renommierten Restaurants. Die Lage am Bosporus ist atemberaubend: Von den mit Kerzen beleuchteten Tischen bietet sich ein bezaubernder Blick auf die Silhouette Istanbuls, während sich das Mondlicht in den Wellen des Bosporus spiegelt. Das restauranteigene Boot transportiert die Gäste von Rumeli Hisarı aus über das Wasser *(siehe S. 93)*.

Top 10 Veranstaltungsorte

1 Galata-Turm
Die Bauchtanzvorführungen im Galata-Turm sorgen für echt türkische Abendunterhaltung *(siehe S. 84)*.

2 Orient House
Hier sind tanzende Derwische und Bauchtanz zu sehen *(siehe S. 71)*.

3 Atatürk-Kulturzentrum
Das Zentrum bietet klassische Musik und Theatervorstellungen *(siehe S. 81)*.

4 Cemal-Reşit-Rey-Konzerthalle
Täglich wird westliche, türkische und Weltmusik gespielt. ⊗ *Darulbedayi Cad 1, Harbiye* • Karte B4 • (0212) 232 98 30 • www.crrks.org

5 Aksanat-(Akbank-)Kulturzentrum
Musik und Theater bestimmen das Programm. ⊗ *İstiklal Cad 8* • Karte L4 • (0212) 252 35 00 • www.akbanksanat.com

6 AFM Uptown Cinema
Das Kino bietet Liegesessel in mit Plexiglas abgeschirmten Abteilen. ⊗ *Mayadrom Uptown Shopping-Center, Etiler* • Karte U4 • (0212) 352 29 80

7 Bauwerke
Auf dem Sultanahmet-Platz gibt es eine Son-et lumière-Show, in der Hagia Eirene Konzerte *(siehe S. 61)*.

8 Nardis Jazz Club
Der gemütliche Club bietet Live-Jazz *(siehe S. 84)*.

9 Kervansaray
Sehen Sie beim Essen Tänzern zu. ⊗ *Cumhuriyet Cad 30/5, Harbiye* • Karte B5

10 İnönü Stadium
Das Heimstadion des FC Beşiktaş ist auch Bühne für Rockkonzerte. ⊗ Karte B5

Links **Archäologisches Museum, İznik** Rechts **Koza-Park, Bursa**

Ausflüge

1 Prinzeninseln (Kızıl Adalar)

Die neun Inseln im Marmarameer bieten mit einsamen Stränden, Pinienwäldern und alten Klöstern auf einem Tagesausflug von Istanbul aus Erholung. Die meisten Fähren von Istanbul (Sirkeci) halten an den vier größten Inseln Kınalıada, Burgazada, Heybeliada und Büyükada. Auf Büyükada und Heybeliada kann man sich nur zu Fuß oder per Pferdekutsche fortbewegen, Autos sind Notdiensten vorbehalten. ◎ *12 km südöstlich von Istanbul*

Hafen von Burgazada, Prinzeninseln

2 Yalova

Das Heilbad an der Südküste des Golfs von İzmit ist mit Fähren von Istanbul aus zu erreichen. Die heißen Quellen und Bäder locken viele türkische Besucher. ◎ *24 km südöstlich von Istanbul*

3 Belgrader Wald (Belgrat Ormanı)

In den Parks des größten Waldgebiets bei Istanbul können Familien wunderbar picknicken.
◎ *20 km nördlich von Istanbul*

4 Polonezköy

Der Ort wurde Mitte des 19. Jahrhunderts als polnische Enklave gegründet. Heute zählt er nur noch wenige Hundert polnische Einwohner, die Traditionen leben jedoch fort. Polonezköy ist wegen der alten Holzhäuser, des Angebots von im Islam verbotenem Schweinefleisch und des ländlichen Charmes bei Tagesausflüglern beliebt. ◎ *25 km nordöstlich von Istanbul*

5 Strände am Schwarzen Meer

Kilyos und Şile sind die Istanbul nächstgelegenen Strände am Schwarzen Meer. Sie sind wunderbare Ziele für Tagesausflüge, an Sommerwochenenden jedoch rasch überfüllt. Wegen gefährlicher Strömungen sollte man in Kilyos nur in den gekennzeichneten Bereichen schwimmen.
◎ *Kilyos: 27 km von Istanbul; Şile (asiatische Seite): 72 km von Istanbul*

6 Gallipoli (Gelibolu)

Die Schauplätze des Ersten Weltkriegs, Gedenkstätten und Friedhöfe im Nationalpark Gallipoli (Gelibolu Yarımadası Tarihi Milli Parkı) kann man auf einem Tagesausflug besichtigen. Startpunkte sind Istanbul, Eceabat und Çanakkale. In der Anzac-Bucht (Anzak Koyu) fanden 1915 Tausende Australier, Neuseeländer und Türken den Tod. Am Anzac Day am 25. April nehmen viele Gäste aus Ozeanien teil.
◎ *Ägäisküste, 350 km westl. von Istanbul*

Kızıl Adalar bedeutet »rote Inseln«. Die meisten Einheimischen wählen die kurze Bezeichnung Adalar (»die Inseln«).

7 Edirne

Edirne war im 15. Jahrhundert Hauptstadt des osmanischen Reichs. Im Lauf der Geschichte wurde es von Griechen, Bulgaren und Russen besetzt. Die von Sinan im 16. Jahrhundert errichtete Selimiye-Moschee ist Wahrzeichen der Stadt. Zudem gibt es viele schöne osmanische Bauten. Im Sommer werden in Edirne die Meisterschaften im Ölringen *(Yağlı güreş)* ausgetragen. ✆ *230 km nordwestlich von Istanbul*

Selimiye-Moschee, Edirne

durch die Griechen im 13. Jahrhundert v. Chr. Historiker hielten Troja für einen mythischen Ort, bis der deutsche Archäologe Heinrich Schliemann im 19. Jahrhundert bei den Dardanellen Relikte von neun Städten entdeckte, die ab 3000 v. Chr. übereinander entstanden. Homers Troja war wohl die als Troja VI bezeichnete Schicht (1800–1250 v. Chr.). Die große Mauer dieser Ebene ist beeindruckend. ✆ *Ägäisküste, 380 km von Istanbul • (0286) 283 05 36 • tägl. 8–17 Uhr • Eintritt*

8 Bursa

Zu den wunderbaren osmanischen Bauwerken in der Altstadt von Bursa zählen die Moschee und das Grab *(türbe)* Murads I. Der Vorort Çekirge ist wegen der Heilbäder und des nahe gelegenen Nationalparks Uludağ mit dem modernsten Skigebiet des Landes ebenfalls einen Besuch wert. ✆ *90 km südlich von Istanbul*

9 Troja (Truva)

Homers *Ilias* erzählt von der zehnjährigen Belagerung Trojas

10 İznik

In der in römisch-christlicher Zeit Nicäa genannten Stadt berief Kaiser Konstantin im Jahr 325 ein Konzil ein, um ein gemeinsames christliches Bekenntnis, das Nizänische Glaubensbekenntnis, zu verfassen. Als Orhan Gasi die Stadt 1331 eroberte, nannte er sie İznik. İznik ist für die Keramikindustrie bekannt. Die hier produzierten Kacheln zieren viele osmanische Moscheen. ✆ *87 km südöstlich von Istanbul*

→ *Es empfiehlt sich, den Belgrader Wald unter der Woche zu besuchen: Im Sommer herrscht an Wochenenden dort Hochbetrieb.*

53

STADTTEILE

TOP 10 ISTANBUL

Links **Museum für türkische und islamische Kunst** Rechts **Cağaloğlu-Bad**

Sultanahmet & Altstadt

DIE HISTORISCHEN VIERTEL *beherbergen viele der bedeutendsten Sehenswürdigkeiten Istanbuls. Sie bildeten das Zentrum Byzantiniums, Konstantinopels und des osmanischen Stamboul. Archäologen datieren die erste Besiedlung des strategisch bedeutsamen Geländes am Goldenen Horn auf das sechste vorchristliche Jahrtausend. Dokumentiert ist die Geschichte des Gebiets ab 667 v. Chr., als der dorische Heerführer Byzas bei Sarayburnu, an der Stelle des Topkapı-Palasts, Byzantion gründete. 324 machte Konstantin der Große die Hafenstadt zur blühenden Hauptstadt des Römischen Reichs Konstantinopel. Nach Übernahme durch die Osmanen 1453 erhielt die inzwischen verfallene Stadt ein neues Gepräge.*

Blaue Moschee

Attraktionen

1. Hagia Sophia
2. Blaue Moschee
3. Hippodrom
4. Museum für türkische und islamische Kunst
5. Bahnhof Sirkeci
6. Topkapı-Palast
7. Archäologisches Museum
8. Cisterna Basilica
9. Cağaloğlu-Bad
10. Soğukçeşme Sokağı

Vorhergehende Doppelseite **Blick über das Marmarameer auf die asiatische Seite**

1 Hagia Sophia (Aya Sofya)

Die von Kaiser Justinian 537 geweihte »Kirche der Heiligen Weisheit« ist Manifest der Kunst ihrer Erbauer Anthemius von Tralles und Isidor von Milet. Sie überdauerte Kriege und Erdbeben. Bis zum Bau des Petersdoms in Rom 1000 Jahre später war die gewaltige Kuppel die größte der Welt *(siehe S. 12f)*.

Ansicht der Hagia Sophia von den umliegenden Gärten

2 Blaue Moschee (Sultanahmet Camii)

Mit dem Bau der von Sultan Ahmed I. beauftragten Moschee wurde 1609 begonnen. Um die Überlegenheit des Islam und des Osmanischen Reichs über das christliche Byzanz zu demonstrieren, wurde sie am Standort des Großen Palasts Konstantins des Großen gegenüber der Hagia Sophia errichtet *(siehe S. 14f)*.

3 Hippodrom (At Meydanı)

Das Hippodrom ist heute ein friedlicher Park. In byzantinischer Zeit stand auf dem Gelände ein Stadion, in dem Wagenrennen veranstaltet wurden. Die 100 000 Zuschauer fassende, im 3. Jahrhundert n. Chr. von Kaiser Septimus Severus angelegte Arena wurde von Kaiser Konstantin erweitert und mit dom Großen Palast verbunden. Das Areal birgt drei große Monumente: den von Konstantin aus Luxor hierher verbrachten Ägyptischen Obelisken *(Dikilitaş)* von ca. 1500 v. Chr., die Schlangensäule *(Yilanlı Sütun)* aus dem Apollontempel von Delphi (479 v. Chr.) und die Säule des Konstantin VII. Porphyrogennetos *(Ormetaş)*, deren Entstehungszeit unbekannt ist. Konstantin VII. ließ die Säule im 10. Jahrhundert n. Chr. restaurieren. Vier große Bronzepferde wurden von den Kreuzrittern 1204 geraubt. Sie stehen nun vor dem Markusdom in Venedig. ◎ *Karte Q5*

Ägyptischer Obelisk und Serpentinensäule, Hippodrom

4 Museum für türkische und islamische Kunst (Türk ve İslam Eserleri Müzesi)

Das Museum in dem Palast von İbrahim Paşa (ca. 1493–1536), Schwiegersohn Suleimans des Prächtigen und Großwesir, zeigt eine faszinierende Sammlung von über 40 000 Artefakten, die bis in das 7. Jahrhundert zurückreichen. Die Ausstellung zeigt Kunst- und Handwerksprodukte wie edle Teppiche und verdeutlicht türkische Wohngeschichte von Nomadenzelten bis zu modernen Häusern. ◎ *Meydanı 46 • Karte Q5 • (0212) 518 18 05 • Di–So 9.30–16.30 Uhr • Eintritt*

 Der Name İstanbul und die Variante Stamboul stammen aus der Zeit vor der Eroberung Konstantinopels 1453 **siehe S. 32**

5 Bahnhof Sirkeci (Sirkeci Garı)

Die prächtige östliche Endstation des Orient-Express wurde im November 1890 eröffnet. Das von dem deutschen Architekten August Jachmund gestaltete Bauwerk vereint verschiedene traditionelle Istanbuler Stilrichtungen. Das jüngst sanierte Gebäude beherbergt auch ein Eisenbahnmuseum *(siehe S. 35)* und ein exzellentes Restaurant *(siehe S. 63)*. Sirkeci ist heute noch Istanbuls Endbahnhof für Züge aus Europa. Der im Bau befindliche Marmaray-Tunnel wird Sirkeci mit dem Bahnhof Haydarpaşa auf der asiatischen Seite verbinden. ◈ *İstasyon Cad • Karte R2 • (0212) 520 65 75 • Museum: Di–Sa 9–17 Uhr • frei*

6 Topkapı-Palast (Topkapı Sarayı)

Der Palast war von 1459 bis 1853 Residenz des Sultans und Regierungssitz des Osmanischen Reichs. Die Besichtigung beansprucht einen ganzen Tag. Hauptattraktionen sind Harem und Schatzkammer *(siehe S. 8–11)*.

»Früchtezimmer«, Topkapı-Palast, Harem

7 Archäologisches Museum (Arkeoloji Müzesi)

Das Museum birgt eine der bedeutendsten historischen Sammlungen der Welt. Zu den drei Hauptabteilungen zählt das Museum des Antiken Orients, in dem Elemente der Stadttore Babylons zu sehen sind. Der Çinili-Pavillon beherbergt eine Keramiksammlung, das Hauptgebäude Sarkophage von Königen aus dem libanesischen Sidon *(siehe S. 16f)*.

Apollonstatue, Archäologisches Museum

8 Cisterna Basilica (Yerebatan Sarnıcı)

Der türkische Name bedeutet »versunkener Palast«. Die beeindruckende Anlage diente als gewaltiges unterirdisches Wasserreservoir einem praktischen Zweck. Die von Kaiser Konstantin erbaute Zisterne wurde von Justinian 532 erweitert, um die Versorgung Konstantinopels zu sichern. Auf einer Fläche von 9800 Quadratmetern wurden etwa 80 Millionen Liter Wasser gespeichert. Das Dach der Zisterne tragen 336 je acht Meter hohe Säulen. Die umgekehrten Medusenhäupter der Säulenbasen wurden älteren griechischen Bauten entnommen. Die Cisterna Basilica war Drehort von Filmen. Sie dient heute auch als Konzertsaal. ◈ *Yerebatan Cad 13 • Karte R4 • (0212) 522 12 59 • tägl. 9–17.30 Uhr • Eintritt • www.yerebatan.com*

Suleiman I.

Suleiman I. »der Prächtige« bevorzugte selbst den Beinamen *Kanuni* – »der Gesetzgeber«. Suleiman I. bestieg den Thron 1520 im Alter von 26 Jahren. Er herrschte 46 Jahre lang. Unter seiner Regentschaft verdoppelte sich die Ausdehnung des Osmanische Reichs. Als Kalif (Oberhaupt des Islam) festigte er die Vormachtstellung der Sunniten über die Schiiten. Mit dem *Codex Süleymanicus* regelte der Sultan Rechtsprechung und Gleichheit vor dem Gesetz. Suleiman I. war außerdem Kunstmäzen, Dichter und Goldschmied.

Sultanahmet ist nach Sultan Ahmed I., dem Gründer der Blauen Moschee, benannt **siehe S. 14f**

9 Cağaloğlu-Bad (Cağaloğlu Hamamı)

Die Badeanstalt zählt zu den bekanntesten und prunkvollsten der Stadt. Sultan Mahmud I. ließ den Hamam 1741 errichten, um aus den Erträgen die Bibliothek in der Hagia Sophia zu finanzieren. Zu den Besuchern sollen bereits König Edward VIII., Kaiser Wilhelm, Franz Liszt und Florence Nightingale gezählt haben. In jüngster Zeit diente der Hamam wiederholt als Drehort von Filmen. Auch Modefotografen schätzen die Kulisse. ◈ Cağaloğlu Ykş 34
• Karte Q3 • (0212) 522 24 24
• Männer: tägl. 8–22 Uhr; Frauen: tägl. 8–20 Uhr • Eintritt
• www.cagagloglhamami.com.tr

10 Soğukçeşme Sokağı

Die steile Kopfsteinpflasterstraße zwischen dem Topkapı-Palast und der Hagia Sophia säumen reizende osmanische Kaufmannshäuser. In den 1980er Jahren wurde die Straße im Rahmen eines Sanierungsprojekts, des ersten dieser Art in Istanbul, vollständig restauriert. Das Boutique-Hotel Ayasofya Konakları umfasst neun Häuser an der Straße (siehe S. 114). ◈ Karte R4

Soğukçeşme Sokağı

Ein Tag in Sultanahmet

Vormittag

Der Tag beginnt früh mit dem Morgenruf des *muezzin*. Treten Sie die Besichtigung der **Blauen Moschee** zu Beginn der Öffnungszeit an. Überqueren Sie den Platz, um die **Hagia Sophia** zu besuchen. Danach laden die **Cisterna Basilica**, das **Hippodrom** und das **Museum für türkische und islamische Kunst** zur Besichtigung ein. Schlendern Sie nun über den **Kavalleriebasar** (siehe S. 60) zum **Mosaikenmuseum** (siehe S. 60). Da die Entfernungen zwischen den einzelnen Sehenswürdigkeiten gering sind, lässt sich das Programm innerhalb eines Vormittags gut bewältigen. In den Cafés und Restaurants in der **Divanyolu** (siehe S. 60) können Sie nun zu Mittag essen und entspannen.

Nachmittag

Für den Nachmittag empfiehlt sich eine Besichtigung des **Topkapı-Palasts**, bei der Sie den Hofintrigen, Umstürzen und Mordgeschichten des Osmanischen Reichs nachspüren. Alternativ können Sie nach einem entspannenden Aufenthalt im **Cağaloğlu-Bad** über die **Soğukçeşme Sokağı** zum **Archäologischen Museum** schlendern. Nach dem Weg den Hügel hinab kann man in Eminönü am Wasser entlang spzierengehen. Fahren Sie mit der Tram auf die Spitze des Hügels nach Sultanahmet zurück. Von den Terrasen der Dachrestaurants und -bars lassen sich der Sonnenuntergang und die Ansicht der mit Flutlicht beleuchteten Hagia Sophia und Blauen Moschee genießen.

➤ *Çemberlitaş-Bad siehe S. 24f*

Links **Mosaikenmuseum** Mitte **Roxelane-Bad** Rechts **Kalligrafie im Handwerkszentrum**

🔟 Sultanahmet: Dies & Das

1 Sultanahmet-Platz (Sultanahmet Meydanı)

Der begrünte Platz liegt zwischen Blauer Moschee und Hagia Sophia. Der hohe Marmorpilaster auf der Nordseite war der Milion genannte »Nullpunkt«, von dem im Byzantinischen Reich Distanzen gemessen wurden. 🔍 *Karte R4*

2 Teppichmuseum (Vakıflar Halı Müzesi)

Das Museum besitzt eine schöne Sammlung von Teppichen aus Moscheen in der Türkei.
🔍 *Imperial Pavilion, Blaue Moschee • Karte R5 • (0212) 518 13 30 • Eintritt*

3 Roxelane-Bad (Haseki Hürrem Hamamı)

Suleiman I. ließ das Bad 1556 für seine Gattin Roxelane errichten. Der Bau beherbergt heute einen staatlich geführten Teppichladen.
🔍 *Ayasofya Meydanı • Karte R4 • (0212) 638 00 35 • Di–So 9–17.30 Uhr • frei*

4 Kavalleriebasar (Arasta Çarşısı)

Auf dem Basar in ehemaligen Stallungen aus dem 17. Jahrhundert verkaufen etwa 40 Läden Teppiche und Souvenirs.
🔍 *Karte R5 • tägl. 9–21 Uhr*

5 Mosaikenmuseum (Mozaik Müzesi)

Von dem imposanten Palast des Kaisers Justinian aus dem 6. Jahrhundert ist lediglich der Mosaikboden erhalten. 🔍 *Arasta Bazaar • Karte R6 • (0212) 518 12 05 • Di–So 9–16.30 Uhr • Eintritt*

6 Handwerkszentrum (Caferağa Medresesi)

In dem Gebäude einer Koranschule aus dem 16. Jahrhundert können Besucher die Anfertigung von Töpferarbeiten und Kalligrafien beobachten. Die Kunstwerke stehen zum Verkauf. Man kann auch Kurse belegen.
🔍 *Caferiye Sok, Soğukkuyu Çıkmazı 1 • Karte S5 • (0212) 513 36 01 • Mo–Sa 9–19 Uhr • frei*

7 Deutscher Brunnen

Kaiser Wilhelm II. machte Sultan Abd ül-Hamid II. den neobyzantinischen Brunnen 1901 zum Geschenk. 🔍 *At Meydanı • Karte R4*

8 Divanyolu Caddesi

Die Straße war Hauptverkehrsader *(mese)* Konstantinopels und Stambouls. Sie führt zur albanischen Küste. 🔍 *Karte Q4*

9 Zisterne der 1001 Säulen (Binbirdirek Sarnıcı)

Die Anzahl der Säulen in der Zisterne aus dem 4. Jahrhundert beträgt tatsächlich 224. Die Räume beherbergen heute Cafés. Sie dienen außerdem für Musik- und andere Veranstaltungen.
🔍 *Binbirdirek, İmran Öktem Cad 4 • Karte Q4 • (0212) 518 10 01 • tägl. 9–21 Uhr • Eintritt • www.binbirdirek.com*

🔟 Sultanahmet Hamamı

Das Gebäude aus dem 17. Jahrhundert ist beeindruckend. 🔍 *Divanyolu Cad, Doktor Emin Paşa Sok 10 • Karte Q4 • (0212) 513 72 04 • www.sultanahmethamami.com*

Weitere Museen in Istanbul **siehe S. 34f**

Links **Sokullu-Mehmed-Paşa-Moschee** Mitte **Sergius-und-Bacchus-Kirche** Rechts **Johanneskirche**

⑩ Altstadt: Dies & Das

Stadtteile – Sultanahmet & Altstadt

1 Hagia Eirene (Aya İrini Kilisesi)

Die im 6. Jahrhundert an der Stelle einer älteren Kirche errichtete Hagia Eirene war bis zum Bau der Hagia Sophia die Kathedrale der Stadt. Unter den Osmanen diente sie als Waffenarsenal, heute wegen der guten Akustik als Konzertsaal. ◎ *Topkapı-Palast (1. Hof)* • *Karte S3* • *nur bei Veranstaltungen*

2 Münze (Darphane)

Die 1496 gegründete osmanische Münze zog 1723 in den Topkapı-Palast. Heute beherbergt das Gebäude die staatliche Druckerei. Außerdem finden in der Münze Konzerte und Ausstellungen statt. ◎ *Topkapı-Palast (1. Hof)* • *Karte S3* • *www.darphane.gov.tr*

3 Gülhane-Park

Das einst zum Topkapı-Palast gehörende Gelände hat an Attraktivität verloren. An Wochenenden sind der Park, der Zoo und die Teestube jedoch beliebte Ausflugsziele. ◎ *Alemdar Cad* • *Karte S2*

4 Seemauer

Die Hauptstraße an der Küste bietet den besten Blick auf die 438 von dem Präfekten Cyrus errichtete und von Theodosius II. erweiterte Mauer *(siehe S. 75)*. ◎ *Kennedy Cad* • *Karte M–S6*

5 Bukoleon-Palast

Von dem Großen Palast an der Seemauer steht nur noch die Fassade mit drei großen Fensteröffnungen. ◎ *Kennedy Cad* • *Karte Q6*

6 Sergius-und-Bacchus-Kirche (Küçük Ayasofya Camii)

Die sogenannte »Kleine Hagia Sophia« wurde 527 erbaut. Im Jahr 1500 wurde sie in eine Moschee umgewandelt. Die Marmorsäulen und Steinfriese mit griechischen Inschriften sind original. ◎ *Küçük Ayasofya Camii Sok* • *Karte P6*

7 Kumkapı

In dem alten byzantinischen Hafen liegen heute viele Fischrestaurants *(siehe S. 63)*. ◎ *Karte M6*

8 Sokollu-Mehmed-Paşa-Moschee

Die von Sinan für den Großwesir Sokollu Mehmed Paşa errichtete Moschee liegt hinter dem Hippodrom. Herrliche İznik-Kacheln, aufwendige Deckenmalereien und vier Fragmente des Schwarzen Steins der Kaaba in Mekka zieren das Innere. ◎ *Camii Kebir Sok* • *Karte P5* • *zu Gebetszeiten; auf Wunsch wird die Moschee zur Besichtigung geöffnet*

9 Yedikule-Festung

Die osmanische Festung wurde am Südende der Theodosianischen Mauer errichtet *(siehe S. 75)*. ◎ *Yedikule Meydanı Sok* • *Bus 31, 80, 931* • *(0212) 584 40 12* • *Do–Di 9–16.30 Uhr* • *Eintritt*

10 Johanneskirche des Studios-Klosters (İmrahor Camii)

Von dem geistigen Zentrum von Byzanz (463) ist lediglich die Fassade erhalten. ◎ *İmam Aşir Sok* • *frei*

Etappen der Geschichte siehe S. 32f

61

Links **Çorlulu Ali Paşa Medresesi** Mitte **Café Meşale** Rechts **Sultan Pub**

TOP 10 Bars & Cafés

1 Çorlulu Ali Paşa Medresesi
In den stimmungsvollen Teestuben sitzen die Gäste auf Kissen. Einheimische rauchen *nargile*. Es wird kein Alkohol ausgeschenkt. ✆ *Divanyolu 36 • Karte Q4*

2 Doy-doy
Das nette, preiswerte Lokal bietet eine gute Auswahl an Kebabs, Pizzas, Salaten und vegetarischen Gerichten. Es gibt keine alkoholischen Getränke.
✆ *Sifa Hamamı Sok 13 • Karte Q6*

3 Sultanahmet Köftecisi
Die Speisen des traditionellen Lokals am Sultanahmet-Platz sind preiswert. In der Umgebung liegen viele Cafés gleichen Namens. ✆ *Divanyolu 12/A • Karte Q4*

4 Lale
An dem Schwarzen Brett der einstigen Station auf dem »Hippie-Trail« kann man Nachrichten austauschen. Serviert werden preisgünstige, große Portionen. Das Flair ist etwas verblasst, doch das Lokal ist bei Rucksackreisenden beliebt. Der Service ist freundlich. Es gibt frisch gezapftes Bier und kostenlosen WLAN-Zugang. ✆ *Divanyolu Cad 6 • Karte Q4*

5 Sultan Pub
Das Dachrestaurant ist sehr modern. In der Kneipe im unteren Stock laufen Sportübertragungen. Im Straßencafé sind Cappuccino und Kuchen erhältlich. Der Keller ist eine byzantinische Zisterne. ✆ *Divanyolu Cad 2 • Karte Q4*

6 Türkistan Aşevi
In dem traditionell mit Teppichen und Kissen eingerichteten Lokal werden zentralasiatische und ostanatolische Spezialitäten serviert. Die Terrasse der einstigen osmanischen Villa bietet Blick auf das Hippodrom. Es gibt keinen Alkoholausschank.
✆ *Tavukhane Sok 36 • Karte Q5*

7 Theodora Pub & Café
Die Gasträume des Hotels bieten ein kleines Café, ein nachgebildetes englisches Pub mit Holzbalken und grüner Lederausstattung sowie ein Restaurant mit einem Tanzsaal. ✆ *St Sophia Hotel, Alemdar Cad 2 • Karte R4*

8 Café Meşale
Tagsüber genießen Gäste Tee und *nargile*. Bei dem abendlichen Restaurantbetrieb sorgen Live-Musik und tanzende Derwische für Unterhaltung.
✆ *Arasta-Basar • Karte Q5*

9 Cheers
Trotz beengter Räumlichkeiten ist das Lokal äußerst beliebt. Es bietet große Gläser Bier, Musik und niedrige Preise. An den schattigen Tischen im Freien kann man mittags gut entspannen.
✆ *Akbıyık Cad 20 • Karte R5*

10 Yeşil-Ev-Biergarten
Die zum Hotel Yeşil Ev gehörende Bar besitzt einen wunderbaren Wintergarten. Es gibt Kaffee und Kuchen, aber keinen Alkohol. ✆ *Kabasakal Cad 5 • Karte R5*

Preiskategorien

Preis für eine Mahlzeit	$	unter 14 YTL
mit *meze* und Hauptge-	$$	14–20 YTL
richt ohne alkoholische	$$$	20–27 YTL
Getränke, inklusive	$$$$	27–42 YTL
Steuern und Service.	$$$$$	über 42 YTL

Balıkçı Sabahattin

TOP10 Restaurants

1 Sarnıç
Die Atmosphäre des Restaurants in einer byzantinischen Zisterne ist romantisch. Serviert werden türkische und französische Gerichte. Reservierung ist erforderlich. ☉ *Soğukçeşme Sok • Karte R4 • (0212) 512 42 91 • $$$$*

2 Orient Express
Das im gotischen Stil gehaltene Restaurant in dem Bahnhof aus dem 19. Jahrhundert *(siehe S. 58)* bietet traditionelle türkische Kost. ☉ *Bahnsteig 2, Bahnhof Sirkeci • Karte Q2 • (0212) 522 22 80 • $$$*

3 Rami
Das hübsche Restaurant in einem osmanischen Haus serviert in drei Gasträumen traditionelle Gerichte. ☉ *Utangaç Sok 6 • Karte R5 • (0212) 517 65 93 • $$$$*

4 Buhara 93 Restaurant
Kebab und Pizza sind die Spezialitäten. In dem Garten treten Derwische auf. ☉ *Nakil Bent Sok 15/A • Karte Q6 • (0212) 518 15 11 • $$$$*

5 Amedros
Das freundliche Café verwandelt sich abends in ein Bistro. Unter den türkischen und europäischen sind gute vegetarische Gerichte. ☉ *Hoca Rüstem Sok 7, nahe Divanyolu • Karte Q4 • (0212) 522 83 56 • $$*

6 Restaurant en la Luna
Das Lokal in einer Seitenstraße ist bei Einheimischen beliebt. Die überwiegend türkischen Gerichte sind exzellent. Das Personal ist freundlich. ☉ *Utangaç Sok 23 • Karte R5 • (0212) 518 72 67 • $$$*

7 Balıkçı Sabahattin
Das seit 1927 bestehende Fischrestaurant, eines der besten in der Stadt, empfiehlt sich für besondere Anlässe ☉ *Seyit Hasankuyu Sok 1, nahe Cankurtaran Cad • Karte R5 • (0212) 458 18 24 • $$$$*

8 Kumkapı
In dem alten Fischerviertel stehen viele *meyhanes* (Tavernen) zur Auswahl, die frischen Fisch und *meze* servieren. Zu den Gerichten wird üblicherweise *rakı* getrunken. An den Tischen spielen Musiker traditionellen *fasıl*. Sie erwarten ein Trinkgeld. ☉ *Karte M6 • $$*

9 Seasons Restaurant
Die europäische Küche ist asiatisch beeinflusst. ☉ *Four Seasons Hotel, Tevfikhane Sok 1 • Karte R5 • (0212) 638 82 00 • $$$$$*

10 Rumeli Café
Das Lokal in einer alten Druckerei serviert türkisch-mediterrane Kost. ☉ *Ticarethane Sok 8 • Karte Q4 • (0212) 512 00 08 • $$$*

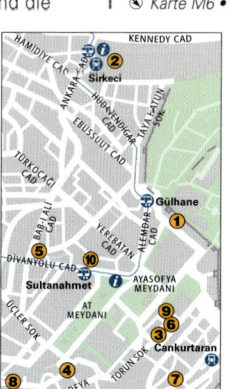

➡ *Weitere Restaurants in Istanbul* **siehe S. 50f, S. 71, S. 77, S. 85, S. 93, S. 99**

Links **Gewürze im Ägyptischen Basar** Rechts **İznik-Kacheln, Rüstem-Paşa-Moschee**

Basarviertel & Eminönü

NACH DER EROBERUNG KONSTANTINOPELS *im Jahr 1453 begann Sultan Mehmed II. um das griechisch-römische Forum Tauri eine nach islamischen Prinzipien konzipierte Modellstadt anzulegen. Deren Hauptmerkmale waren Moscheen und Medresen (religiöse Schulen), Wohlfahrtseinrichtungen, Unterkünfte für Reisende und ein Großer Basar, mit dessen Umsätzen die bedeutenden und viele weitere Gebäude finanziert wurden. Die von Mehmed II. geplanten Bauwerke wurden errichtet. Viele der Gebäude sind erhalten geblieben. Die beiden Viertel zählen zu den faszinierendsten und lebendigsten der Stadt. Von einfachen Plastikeimern bis zu antiken Teppichen, von religiösen Schriften bis zu Pfefferkörnern – auf den Märkten ist alles erhältlich.*

Uferansicht in Eminönü

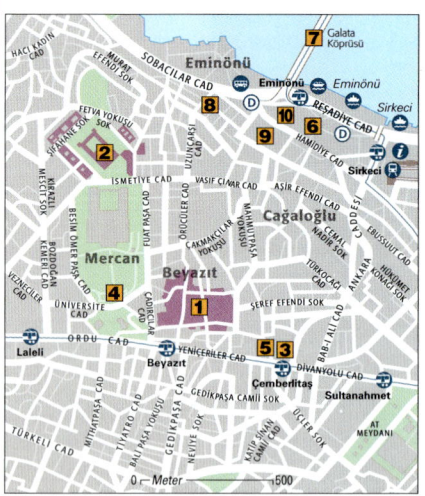

Attraktionen

1. **Großer Basar**
2. **Süleymaniye-Moschee**
3. **Çemberlitaş-Bad**
4. **Beyazıt-Platz**
5. **Konstantinssäule**
6. **Eminönü**
7. **Galata-Brücke**
8. **Rüstem-Paşa-Moschee**
9. **Ägyptischer Basar**
10. **Neue Moschee**

Vorhergehende Doppelseite
Innenansicht der Süleymaniye-Moschee

1 Großer Basar (Kapalı Çarşı)

Der Basar gehörte zu den ersten Einrichtungen, die Mehmed »der Eroberer« nach 1453 bauen ließ. Das gesicherte Lagerhaus İç Bedesten ist der älteste Teil der Anlage. Das überkuppelte Gebäude diente als Lager und Handelsplatz für besonders wertvolle Güter. Die überdachten Straßen säumen nun außer Läden und Ständen Cafés, Restaurants, Teestuben, Trinkwasserbrunnen und Geldautomaten. Auf dem Gelände liegen mehrere *hans*. In den ehemaligen Gästehäusern sind heute überwiegend Werkstätten und kleine Manufakturen untergebracht *(siehe S. 18f)*.

Besucher des Großen Basars

2 Süleymaniye-Moschee (Süleymaniye Camii)

Die für Suleiman I. zwischen 1550 und 1557 erbaute Moschee ist die größte und prächtigste der Stadt. Suleiman I. und seine Frau Roxelane liegen dort begraben. Der Architekt der Moschee Mimar Sinan entwarf sein Grabmal selbst. Es befindet sich am Rand der Anlage *(siehe S. 20f)*.

3 Çemberlitaş-Bad (Çemberlitaş Hamamı)

Das Bad ließ Konya Nurbanu, die Gattin Selims II. »des Trunkenbolds«, Sohn von Suleiman I.

Süleymaniye-Moschee

und Roxelane, 1584 von Sinan erbauen. Die einst wohltätige Einrichtung ist heute mondän. Die überkuppelten Hallen machen es zu einer bei Besuchern beliebten Attraktion *(siehe S. 24f)*.

4 Beyazıt-Platz (Beyazıt Meydanı)

Der große Platz ist seit Jahrhunderten ein beliebter Treffpunkt. Die offizielle Bezeichnung lautet Hürriyet Meydanı (Platz der Freiheit). Er befindet sich an der Stelle des griechisch-römischen Forum Tauri, das Kaiser Theodosius im Jahr 393 erweitern ließ. Das Forum wurde nach der Bronzefigur eines Stiers im Zentrum benannt. In vorchristlicher Zeit war dies eine Opferstätte. Teile der wie Pfauenfedern geformten Kolonnaden wurden für don Bau der Cisterna Basilica *(siehe S. 58)* verwendet, andere sind neben der Tramstrecke in der Ordu Caddesi deponiert. Teile der Theodosiussäule wurden in das Fundament des Beyazıt Hamamı eingebaut, in dem sich heute Läden befinden. Auf dem Platz findet täglich ein Flohmarkt statt. Er wird von der Beyazıt-Moschee, der Universität Istanbul und dem Museum für Kalligrafie flankiert *(siehe S. 70)*.
⊗ *Karte M3*

Bilder vom Beyazıt-Platz
www.pointsfromturkey.com/beyazit_square_and_tower.html

Angler auf der Galata-Brücke

5 Konstantinssäule (Çemberlitaş)

Die 35 Meter hohe Säule aus ägyptischem Porphyr stand auf dem Konstantinsforum. Sie wurde von einer Statue Konstantins als Apollo gekrönt. Die Säule wurde 330 anlässlich der Einweihung der neuen Hauptstadt des Römischen Reichs errichtet. Konstantin ließ in das Fundament Reliquien einmauern, darunter angeblich die Axt, die Noah beim Bau der Arche verwendete. Der türkische Name Çemberlitaş (Reifensäule) bezieht sich auf die 416 Eisenmanschetten, die 1701 erneuert wurden.

⊘ *Divanyolu Cad • Karte P4*

Konstantinssäule

Konstantin I.

Konstantin »der Große« (ca. 280–337), der Sohn eines hochrangigen Offiziers, erstarkte in der Tetrachie Diokletians. Nach einer Christuserscheinung besiegte er 312, das christliche Kreuz tragend, seinen Rivalen Maxentius. 324 wurde Konstantin I. Alleinherrscher. Er erklärte das Christentum zur Staatsreligion. Im Jahr 325 legte er im Konzil von Nicäa die Grundsätze des Glaubens fest. 330 weihte Konstantin Konstantinopel, die neue Hauptstadt des Römischen Reichs, ein. Auf dem Sterbebett trat der Kaiser formell zum Christentum über. Konstantin I. wurde in der Kirche der heiligen Apostel begraben *(siehe S. 73)*.

---

6 Eminönü

Vom Großen Basar führen steile, von Marktständen gesäumte Gassen durch Tahtakale hinunter zur Uferpromenade von Eminönü. Dort liegen Moscheen, Märkte und byzantinische Lagerhäuser. Straßenhändler bieten Produkte – von Gebäck bis zu Kopien wertvoller Uhren – feil. Die vom Hafen ablegenden Fähren steuern sämtliche Stadtteile an. Auf der Küstenstraße fließt der Verkehr unablässig. ⊘ *Karte N1*

7 Galata-Brücke (Galata Köprüsü)

Vor der Errichtung der modernen Brücke führte von 1909 bis 1912 eine einfache Pontonkonstruktion durch das Goldene Horn. Die Schwimmbrücke reichte für das ansteigende Verkehrsaufkommen nicht aus. Zudem blockierte sie den Wasserstrom, sodass die Bucht verschmutzte. 1992 entstand die doppelstöckige Betonbrücke. Die Aussicht von der oberen Ebene ist v. a. bei Sonnenuntergang atemberaubend. Die alte Brücke wurde versetzt. Sie dient in Hasköy als Fußgängerbrücke. ⊘ *Karte F3*

8 Rüstem-Paşa-Moschee (Rüstem Paşa Camii)

1561 beauftragte Mihrimah, die Tochter Suleimans »des Prächtigen«, im Gedenken an ihren Gatten Rüstem Paşa, den Großwesir Suleimans, Sinan mit dem Bau der Moschee. Das Gebäude ist innen und außen reich mit İznik-Kacheln geschmückt. Durch die Emporen und Fenster strömt Licht in den Saal. ⊘ *Hasırcılar Cad*
• Karte N1 • (0212) 526 73 50
• tägl. 9 Uhr–Sonnenuntergang. • frei

  Mehr über die Rüstem-Paşa-Moschee
www.sacred-destinations.com

9 Ägyptischer Basar (Mısır Çarşısı)

Der Basar wurde 1660 auf dem Gelände der Neuen Moschee errichtet. Die Bezeichnung geht auf die Finanzierung des Baus durch Zolleinnahmen aus der Warenfuhr aus Ägypten zurück. Da auf dem Markt seit Jahrhunderten Gewürze gehandelt werden, ist er auch unter dem Namen Gewürzbasar bekannt. Heute richtet sich das Angebot v. a. an Urlauber: In den Läden sind Souvenirs wie Türkischer Nougat *(lokum)* oder Phiolen mit Safran, Pistazien, Mandeln, Weihrauch und Kaffee erhältlich. Auch Bauchtanzkostüme werden feilgeboten.

⊘ *Eminönü • Karte P1 • Mo–Sa 8–19 Uhr*

10 Neue Moschee (Yeni Cami)

Die etwas düstere Moschee wurde 1597 von der Valide Sultana Safiye, der Mutter von Sultan Mehmed III. beauftragt. Die Bauarbeiten wurden unterbrochen, nachdem der Architekt wegen Gotteslästerung hingerichtet und Safiye nach dem Tod ihres Sohnes verbannt worden war. 1663 ließ die Mutter von Sultan Mehmed IV. Turhan Hatice den Bau vollenden. Den Innenraum zieren qualitativ niederwertige İznik-Kacheln. Neben der Moschee befinden sich Grabmäler der Valide Sultana Turhan Hatice, Mehmeds IV., fünf weiterer Sultane und vieler Prinzen und Prinzessinnen.

⊘ *Eminönü • Karte P1 • tägl. 9–Sonnenuntergang • frei*

Innenraum der Neuen Moschee

Ein Shopping-Tag

Vormittag

⊙ Beginnen Sie den Tag mit einem Besuch des **Çemberlitaş-Bads**. Besichtigen Sie nun die **Nuruosmaniye-Moschee** *(siehe S. 70)*. Auf dem **Großen Basar** können Sie nach Lust und Laune bummeln und in einem der Cafés zu Mittag essen. Wer das Mittagessen verschieben möchte, kann über den **Beyazıt-Platz** den Hügel hinunter zur **Süleymaniye-Moschee** spazieren und dort die Gräber Suleimans I. und Roxelanes besuchen. Nahe der Moschee laden das Restaurant Darüzziyafe *(siehe S. 71)* und viele Cafés nun zum Lunch ein.

Nachmittag

Verlassen Sie das Moscheegelände über die İsmetiye Caddesi, biegen Sie links in die Uzunçarşı Caddesi ein und schlendern Sie durch die steilen Straßen mit Metall- und Holzhandwerksständen bergab. Biegen Sie rechts in die Tahtakale Caddesi ein. Hier umfangen Sie die Aromen der Gewürz- und Kaffeestände. Am Fuß des Hügels erreichen Sie Eminönü. Dort können Sie die **Rüstem-Paşa-Moschee** und die **Neue Moschee** besichtigen. Gehen Sie nun zum **Ägyptischen Basar**. Zwischen Neuer Moschee und Ägyptischem Basar erstreckt sich der Bereich, in dem Pflanzen, Saatgut und Singvögel verkauft werden. Hamdi Et Lokantası *(siehe S. 71)* oder das Restaurant Orient Express im Bahnhof Sirkeci *(siehe S. 63)* empfehlen sich für das Abendessen. Sie können auch mit der Tram nach Sultanahmet fahren und dort den Sonnenuntergang genießen.

Stadtteile – Basarviertel & Eminönü

Mehr über Shopping in Istanbul siehe S. 42f, S. 83

Links **Kalenderhane-Moschee** Mitte **Universität Istanbul** Rechts **Nuruosmaniye-Moschee**

Dies & Das

1 Bücherbasar (Sahaflar Çarşısı)

In dem Hof wurden seit dem Mittelalter Handschriften gehandelt, Bücher waren bis 1729 verboten. Heute sind antiquarische und gebrauchte Bücher erhältlich.
✎ *Sahaflar Çarşısı Sok • Karte M4*

2 Museum für Kalligrafie (Türk Vakıf Hat Sanatları Müzesi)

Aufgrund des islamischen Verbots bildlicher Darstellungen von Lebewesen entwickelte sich Kalligrafie zur hohen Kunst. Das Museum zeigt Schriften, Werkzeuge und die Darstellung einer alten Werkstatt. ✎ *Beyazıt Meydanı • Karte M4 • (0212) 527 58 51 • Öffnungszeiten tel. erfragen • Eintritt*

3 Beyazıt-Turm (Beyazıt Kulesi)

Das 1828 als Feuerwachturm errichtete Bauwerk aus Marmor steht auf dem Gelände der Universität Istanbul. ✎ *Ordu Cad • Karte M3 • für die Öffentlichkeit geschl.*

4 Beyazıt-Moschee (Beyazıt Camii)

Die älteste erhaltene Sultan-Moschee Istanbuls wurde 1506 von Beyazıt II. erbaut. ✎ *Yeni Maharet Cad • Karte M4*

5 Atik-Ali-Paşa-Moschee (Atik Ali Paşa Camii)

Die Nachbildung der Fatih-Moschee (15. Jh.) ist nach dem Großwesir von Beyazıt II. benannt ✎ *Yeniçeriler Cad • Karte P4*

6 Tulpenmoschee (Laleli Camii)

Die Tulpenmoschee wurde 1763 von Mustafa III. im Stil des türkischen Barock errichtet. Das Innere ziert bunter Marmor. Sultan Mustafa III. liegt in der Moschee begraben. ✎ *Ordu Cad • Karte D5 • nur zu Gebetszeiten*

7 Nuruosmaniye-Moschee (Nuruosmaniye Camii)

Osman III. vollendete 1748 die erste Moschee barocken Stils in Istanbul. ✎ *Vezirhanı Cad • Karte P4*

8 Kalenderhane-Moschee (Kalenderhane Camii)

Im 9. Jahrhundert wurde das Bad aus dem 5. Jahrhundert zunächst in die Kirche der Theotokos Kyriotissa, dann in die Moschee umgewandelt. Den Gebetssaal ziert herrlicher byzantinischer Marmor. ✎ *Mart Şehitleri Cad 16 • Karte E5 • nur zu Gebetszeiten*

9 Bodrum-Moschee (Bodrum Camii)

Die Moschee ist seit 1500 in Betrieb. Sie entstand aus einem von Kaiser Romanos I. Lekapenos gegründeten Kloster. ✎ *Sait Efendi Sok • Karte D5 • nur zu Gebetszeiten*

10 Universität Istanbul

Die 1863 gegründete Universität bezog den jetzigen Standort 1866. Es gibt strenge Sicherheitskontrollen. Unter der Woche kann man aber auf dem Campus spazieren gehen. ✎ *Beyazıt Meydanı • Karte M2–3 • (0212) 440 00 00*

Havuzlu Lokantası

TOP 10 Cafés & Restaurants

1 Pandeli
Das renommierte Restaurant in überkuppelten, mit İznik-Kacheln herrlich verzierten Räumen über dem Gewürzmarkt besteht seit 1901. Reservierung ist erforderlich. ◈ *Mısır Çarşısı 1* • *Karte P1*
• *(0212) 522 55 34* • *$$$*

2 Café Ay
Das Café auf dem Großen Basar lädt mit Kaffee, Käsekuchen und Sandwichs zur Rast ein. ◈ *Takkeciler Sok 41–45, Kapalı Çarşı* • *Karte N3* • *$*

3 Darüzziyafe
In der einstigen Armenküche der Süleymaniye-Moschee befindet sich heute ein stimmungsvolles Restaurant. Die osmanische Küche ist exzellent. Es wird kein Alkohol ausgeschenkt. ◈ *Şifahane Cad 6* • *Karte M2* • *(0212) 511 84 14* • *$$$*

4 Havuzlu Lokantası
Das schlichte Restaurant ist das beste dieser Art auf dem überdachten Basar. Kebab und *meze* sind hervorragend. Frühzeitiges Erscheinen wird empfohlen. ◈ *Gani Çelebi Sok 3, Kapalı Çarşı* • *Karte N3* • *(0212) 527 33 46* • *abends & So geschl.* • *$*

5 Tarihi Kuru Fasulyeci
In dem Restaurant sind seit über 80 Jahren deftige osmanische Speisen erhältlich. Spezialität ist langsam gekochter Reis mit Bohnen. ◈ *Süleymaniye Cad, Prof. Siddik Sami Onar Cad 11* • *Karte M2* • *(0212) 513 62 19* • *keine Kreditkarten* • *$*

6 Asmalı Konak
Das *testi kebap* mit Huhn oder Lamm aus dem Tontopf ist köstlich. ◈ *Bıçkı Yurdu Sok 29/30* • *Karte Q4* • *(0212) 514 45 56* • *$$$$*

7 Hamdi Et Lokantası
Hier sind Spezialitäten wie *erikli kebap* mit Lammhackfleisch erhältlich. ◈ *Kalçın Sok 17, Tahmis Cad* • *Karte P1* • *(0212) 528 03 90* • *$$*

8 Café Mimar Sinan
Die Bänke im Freien sind mit Kelims bedeckt. Das Lokal ist bei Studenten beliebt. ◈ *Süleymaniye Cad, Prof. Siddik Sami Onar Cad 37/43, Tiryakiler Çarşısı* • *Karte M2* • *$$*

9 Orient House
Das Abendessen wird von türkischer Musik und Bauchtanz begleitet. ◈ *Tiyatro Cad 25/A, Beyazıt* • *Karte M5* • *(0212) 517 61 63* • *$$$$$*

10 Subaşı
Das traditionelle Selbstbedienungsrestaurant bietet deftige Eintöpfe und überbackene Gerichte. ◈ *Nuruosmaniye Cad, Kılıçcılar Sok 48* • *Karte P4* • *(0212) 522 47 62* • *$*

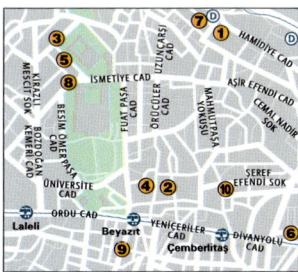

Links **Pammakaristos-Kirche** Mitte **Kuppel im Parekklesion, Erlöserkirche** Rechts **Miniatürk**

Goldenes Horn, Fatih & Fener

DAS GEBIET AM GOLDENEN HORN, *der Bucht, die sich zwischen Alt- und Neustadt auf der europäischen Seite Istanbuls erstreckt, erlebt neuen Aufschwung. Sanierungsarbeiten beinhalteten den Bau einer Anlage zur Sauerstoffanreicherung des Wassers. Damit verschwand der schlechte Geruch, der Einwohner die Gegend verlassen ließ. Die Viertel Fener und Balat standen anschließend im Blickfeld der Stadtplaner. In der Altstadt wurden am Goldenen*

Horn Parks und Spazierwege angelegt, in der Neustadt entstanden Attraktionen wie Miniatürk und das Rahmi-Koç-Museum. Der Auszug der türkischen Marine aus dem alten jüdischen Viertel Hasköy 2007 bietet weitere Möglichkeiten der Stadtentwicklung.

Pierre Loti Café

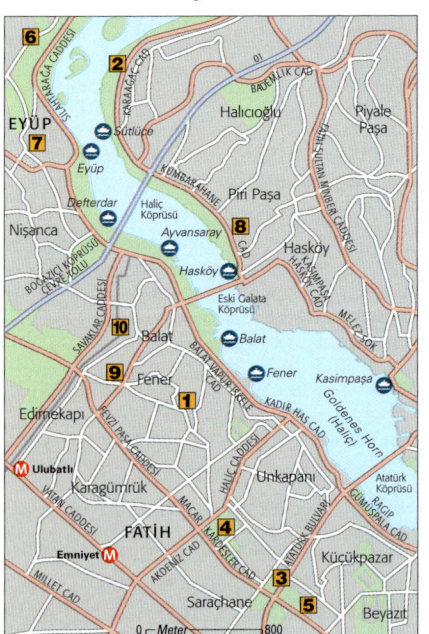

Attraktionen

1. Pammakaristos-Kirche
2. Miniatürk
3. Valens-Aquädukt
4. Fatih-Moschee
5. Prinzenmoschee
6. Pierre Loti Café
7. Eyüp-Sultan-Moschee
8. Rahmi-Koç-Museum
9. Erlöserkirche des Chora-Klosters
10. Theodosianische Mauer

Die Viertel im Westen von Istanbul sind konservativ geprägt. Es empfiehlt sich, Kleidung und Verhalten daran anzupassen.

1 Pammakaristos-Kirche (Fethiye Camii)

Die von Kaiser Johannes II. Komnenos im 12. Jahrhundert erbaute Kirche war von 1456 bis 1568 Sitz des griechisch-orthodoxen Patriarchats. Später wurde sie in eine Moschee umgewandelt, 1591 erhielt sie zum Gedenken an die Eroberung des heutigen Georgiens und Aserbaidschans durch Murad III. den Namen *Fethiye* (Sieg). In dem Museum in der Seitenkapelle sind wunderbare byzantinische Mosaiken ausgestellt. ⊗ *Fethiye Cad • Karte K3 • tägl. 9–17 Uhr • Eintritt*

2 Miniatürk

In dem faszinierenden Freizeitpark können Besucher die bedeutendsten Sehenswürdigkeiten der Türkei an einem Nachmittag besichtigen. Auf der Anlage stehen Modelle, die Bauten wie die Bosporus-Brücke und die Hagia Sophia im Maßstab 1:25 abbilden. Für Unterhaltung sorgen außerdem eine Miniatureisenbahn, Modellautos und -schiffe, ein Kino, ein Irrgarten und ein Spielplatz. ⊗ *İmrahor Cad, Sütlüce • Karte T4 • (0212) 222 28 82 • tägl. 9–17 Uhr • Eintritt • www.miniaturk.com.tr*

Valens-Aquädukt

3 Valens-Aquädukt (Bozdoğan Kemeri)

Das Segment des 378 unter Kaiser Valens vollendeten zweistöckigen Aquädukts westlich der Süleymaniye-Moschee ist sehr gut erhalten. Bis in das 19. Jahrhundert hinein diente es dazu, Wasser aus dem Belgrader Wald in das Zentrum des Großen Palasts beim Hippodrom zu leiten. ⊗ *Atatürk Bulvarı (nördlich des Saraçhane Parkı) • Karte D4*

4 Fatih-Moschee (Fatih Camii)

Die gewaltige barocke Moschee ist der dritte bedeutende Sakralbau an dieser Stelle. Das Gelände war zunächst Standort der Kirche der heiligen Apostel, in der neben Konstantin I. viele weitere byzantinische Kaiser beerdigt wurden. Die von Mehmed II. auf den Ruinen der Kirche erbaute erste Sultan-Moschee Istanbuls wurde 1766 durch ein Erdbeben zerstört. Der dritte Bau entstand unter Mustafa III. im 18. Jahrhundert. Mehmed »der Eroberer« und dessen Gattin Gülbahar Hatun sind hier bestattet. Jeden Mittwoch findet vor dem Gebäude ein lebendiger Straßenmarkt statt. ⊗ *Fevzi Paşa Cad • Karte C3–4 • tägl. 9 Uhr–Sonnenuntergang. • frei*

Fatih-Moschee

Stadtteile – Goldenes Horn, Fatih & Fener

Mauern für die Ewigkeit

Die Theodosianische Mauer besaß elf befestigte Tore und 192 Türme. Die äußere Mauer ist zwei Meter dick und 8,5 Meter hoch. Auf den 20 Meter breiten Graben folgt die fünf Meter dicke und 12 Meter hohe innere Mauer. Die Festungsmauern Byzantions waren 1000 Jahre lang für Angreifer unüberwindlich. 1453 stürmten die Osmanen die Befestigung. Mit Konstantin XI. endete die byzantinische Herrschaft. Er wurde kämpfend auf der Mauer gesehen.

5 Prinzenmoschee (Şehzade Camii)

Die elegante Moschee ließ Suleiman »der Prächtige« zum Gedenken an seinen Sohn Prinz Mehmed errichten. Die Anlage umfasst eine Medrese, einen Innenhof, Gräber und eine Armenküche (imaret). Sie zählt zu den ersten höfischen Bauten des Architekten Sinan (siehe S. 21). Das Grab Helvacı Babas ist eine Pilgerstätte. ◎ Şehzade Başı Cad 70, Saraçhane • Karte D4 • tägl. (Gräber: Di–So 9–17 Uhr) • frei

6 Pierre Loti Café

Der französische Marineoffizier und Schriftsteller Pierre Loti, mit bürgerlichem Namen Julien Viaud, besuchte während seines Istanbul-Aufenthalts regelmäßig das Café in Eyüp. Die Umgebung wurde inzwischen nach ihm benannt. Loti kam im Jahr 1876 in die Stadt. Seine problematische Liebesbeziehung mit einer Einheimischen verewigte er in dem Roman Aziyade. Das auf dem Hügel gelegene Pierre Loti Café (siehe S. 77) ist von der Eyüp-Moschee aus bequem mit der Seilbahn zu erreichen. Von dem Café aus bietet sich eine fantastische Aussicht weit über das Goldene Horn.

7 Eyüp-Sultan-Moschee (Eyüp Sultan Camii)

Die heiligste Moschee Istanbuls ließ Mehmed II. 1458 zu Ehren des Trägers der Standarte des Propheten Mohammed Eyüp Ensari erbauen. Dessen Grabmal (türbe) gegenüber der Moschee ist nach Mekka und Medina die drittheiligste Pilgerstätte des Islam. In dem Hof der Moschee wurden einst die osmanischen Sultane gekrönt. Die die Mauern des Hofs schmückenden İznik-Kacheln besitzen interessante Muster. ◎ Eyüp Meydanı (nahe Camii Kebir Cad) • Karte A4 • (0212) 564 73 68 • Grab: 9.30–16 Uhr • Spende erbeten

Eyüp-Sultan-Moschee

8 Rahmi-Koç-Museum (Rahmi Koç Müzesi)

Das Museum ist nach dem Gründer, dem Industriellen Rahmi Koç, benannt. Der Großteil der Sammlung ist in einer Werft aus dem 19. Jahrhundert untergebracht. Er beinhaltet Oldtimer, Dampfmaschinen, Motorräder, Schiffe, die Kutsche des Sultans Abd ül-Asis u. v. m. Auf dem Außengelände sind Flugzeuge, weitere Schiffe, restaurierte Läden und ein U-Boot zu sehen. In der gegenüberliegenden osmani-

Die Eyüp-Moschee wurde durch das Erdbeben 1766 zerstört. Im Jahr 1800 wurde sie wieder aufgebaut.

schen Ankergießerei sind Auto-, Eisenbahn- und Schiffsmodelle ausgestellt. Ein exzellentes Café *(siehe S. 77)* sowie das exquisite Restaurant Halat befinden sich ebenfalls auf der Anlage.◉ *Hasköy Cad 5–27 • Karte B5 • (0212) 369 66 00 • Di–Fr 10–17 Uhr, Sa & So 10–19 Uhr • Eintritt • www.rmk-museum.org.tr*

9 Erlöserkirche des Chora-Klosters (Kariye Camii)

Die Ende des 11. Jahrhunderts errichtete Kirche wurde Anfang des 14. Jahrhunderts von Theodoros Metochites restauriert. Dieser ließ auch die herrlichen Mosaiken und Fresken anfertigen, durch die er sich »ein glanzvolles Angedenken der Nachwelt bis an das Ende der Zeit« erhoffte. Die Kirche wurde später als Moschee genutzt. Heute ist sie ein Museum *(siehe S. 22 f)*.

10 Theodosianische Mauer (Teodos II. Surları)

Die von Kaiser Theodosius II. von 412 bis 422 errichteten Mauern sind teilweise restauriert. Sie umgeben die Innenstadt von Yedikule am Marmarameer bis Ayvansaray am Goldenen Horn. Segmente, z. B. in Yedikule *(siehe S. 61)*, sind begehbar. Abgelegene Teile der Stadtmauer sollte man nur in Begleitung besuchen. Der Graben wurde zu einem Gemüsegarten umgestaltet. ◉ *Karte A5*

Theodosianische Mauer

Ein Tag am Goldenen Horn

Vormittag

Beginnen Sie den Tag mit dem Besuch der **Fatih-Moschee**. Hinter dem Gebetssaal liegen die Gräber von Sultan Mehmed und seiner Frau. Gehen Sie nun nach Fener, um die **St.-Georgskirche** im **Griechischen Patriarchat** *(siehe S. 76)* zu besichtigen. Nebenstraßen führen zur **Kirche St. Maria der Mongolen** *(siehe S. 76)*. Der Museumstrakt der **Pammakaristos-Kirche** zeigt byzantinische Mosaiken. Gehen Sie nun Richtung Edirnekapı, um die Mosaiken und Fresken der **Erlöserkirche des Chora-Klosters** zu sehen. Danach lädt das **Asitane Restaurant** *(siehe S. 77)* zu einer Pause mit osmanischen Köstlichkeiten und starkem Mokka ein.

Nachmittag

Sehen Sie sich die **Theodosianische Mauer** an, bevor Sie sich in die hübsch sanierten Straßen von **Balat** *(siehe S. 76)* begeben und die **Ahrida-Synagoge**, die älteste Synagoge in Istanbul, besuchen. Am Wasser entlang geht es anschließend nach Eyüp. Dort können Sie sich unter den Wartenden einreihen und das Grab von Eyüp Ensari in der **Eyüp-Moschee** besuchen. Die Seilbahn führt auf den Hügel **Pierre Loti**, doch auch der Fußmarsch durch den **Friedhof Eyüp** *(siehe S. 76)* ist reizend. Genießen Sie nun im **Pierre Loti Café** *(siehe S. 77)* bei einer Tasse Tee die fantastische Aussicht. Bei einem Abendessen im **Aziyade Restaurant** *(siehe S. 77)* kann man den Tag stilvoll ausklingen lassen.

Stadtteile – Goldenes Horn, Fatih & Fener

Links **Kirche St. Stephan von Bulgarien** Mitte **Friedhof Eyüp** Rechts **Pantokrator-Kirche**

TOP 10 Dies & Das

1 Pantokrator-Kirche (Molla Zeyrek Camii)

Die vernachlässigte byzantinische Kirche, der verbliebene Bestandteil eines einst mächtigen Klosters, ist heute eine Moschee.
⊗ *İbadethane Sok, Küçükpazar • Karte D3 • (0212) 532 50 23 • Bus 28, 61B, 87 • 20 Minuten vor & nach Gebetszeiten • Spende erbeten*

2 Aynalı-Kavak-Palast (Aynalı Kavak Kasrı)

Der osmanische Palast (17. Jh.) birgt eine Sammlung türkischer Musikinstrumente. ⊗ *Ayanalı Kavak Parı, Hasköy • Karte D1 • (0212) 250 40 94 • Bus 47, 54 • Eintritt*

3 Kirche St. Stephan von Bulgarien (Bulgar Kilisesi)

Das Gerüst der Kirche aus Gusseisen wurde Ende des 19. Jahrhunderts in Wien vorgefertigt.
⊗ *Mürsel Paşa Cad 85, Balat • Karte L2 • Bus 55T, 99A • tägl. 9–17 Uhr • frei*

4 Rosenmoschee (Gül Camii)

Die Theodosiakirche des 9. Jahrhunderts wurde in die Rosenmoschee umgewandelt. ⊗ *Vakıf Mektebi Sok 16, Fatih • Karte D2 • (0212) 534 34 58 • nur zu Gebetszeiten geöffnet • Spende erbeten*

5 St.-Georgskirche (Aya Yorgi)

Die Kirche ist das Zentrum der griechisch-orthodoxen Kirche.
⊗ *Sadrazam Ali Paşa Cad 35, Fener • Kirche L2 • (0212) 525 21 17 • Bus 55T, 99A • tägl. 9–17 Uhr • frei*

6 Balat

Balat war einst Heimat sephardischer Juden und Armenier. Die Ahrida-Synagoge (15. Jh.) ist sehenswert. ⊗ *Karte K1–2 • Bus 55T, 99A • Synagoge: Gevgili Sok; (0212) 523 74 07; tel. Voranmeldung*

7 Kirche St. Maria der Mongolen (Kanlı Kilise)

Die Kirche ist nach Maria Palaiologina benannt. Die byzantinische Prinzessin heiratete einen mongolischen Khan und wurde später Nonne. ⊗ *Tekvir Cafer Mektebi Sok, Fener • Karte L3 • (0212) 521 71 39 • Bus 55T, 99A • tel. Voranmeldung*

8 Porphyrogennetos-Palast (Tekfur Sarayı)

Von dem byzantinischen Kaiserpalast ist lediglich die Fassade erhalten geblieben. ⊗ *Sişehane Cad, Edirnekapı • Karte J1 • Bus 87, 90, 126 • Führungen; Anmeldung über die Hagia Sophia*

9 Friedhof Eyüp

Der steile Weg auf den Hügel hinauf führt an Hunderten osmanischer Gräber vorbei. Die Aussicht auf das Goldene Horn ist fantastisch. ⊗ *Camii Kebir Sok • Karte A4 • (0212) 564 73 68 • Bus 39, 55T, 99A*

10 Azap-Kapı-Moschee (Azap Kapı Camii)

Die von Sinan im 16. Jahrhundert errichtete Moschee besitzt einen eleganten *mihrab* aus Marmor.
⊗ *Tersane Cad, Azapkapı • Karte E3 • Bus 46H, 61B • nur zu Gebetszeiten*

 Die Pantokrator-Kirche besitzt einen wunderbaren Marmorboden.

Preiskategorien	
Preis für eine Mahlzeit mit *meze* und Hauptgericht ohne alkoholische Getränke, inklusive Steuern und Service.	$ unter 14 YTL
	$$ 14–20 YTL
	$$$ 20–27 YTL
	$$$$ 27–42 YTL
	$$$$$ über 42 YTL

Pierre Loti Café

TOP 10 Bars, Cafés & Restaurants

1 Café du Levant, Sütlüce
Das Café im Rahmi-Koç-Museum *(siehe S. 74f)* serviert klassische französische Gerichte.
⊘ Hasköy Cad 27 • Karte A4

2 Pierre Loti Café, Eyüp
Das auf dem Hügel gelegene Café ist mit Kacheln, Utensilien für die Teezubereitung und Exponaten über den französischen Schriftsteller Pierre Loti *(siehe S. 74)* dekoriert. Die schattige Terrasse bietet fantastischen Blick.
⊘ Gümüşsuyu Karyağdı Sok 5 • Karte A4

3 Cibali Kapı Balıkçısı, Fener
Das traditionelle Lokal serviert frischen Fisch und köstliche *meze*. ⊘ Kadir Has Cad 5 • Karte E3

4 Barba Giritli Balık Lokantası, Fener
Das Restaurant erstreckt sich über zwei Etagen. Die Fischgerichte und *meze* wie *hamsi* (Sardellen) und *ezme* (scharfe Paprikacreme) sind exzellent. ⊘ Kadir Has Cad 3 • Karte E3
• (0212) 533 18 66 • $$$$

5 Köfteci Arnavut, Balat
Das Lokal serviert seit über 50 Jahren klassische türkische Gerichte. Es schließt am Nachmittag, wenn der Vorrat an *köfte* erschöpft ist.
⊘ Mürsel Paşa Cad 139, Köprübaşı • Karte L2
• (0212) 531 66 52 • $

6 Ottoman Restaurant, Fener
Osmanisches *beğendi*, gegrilltes Lamm auf Auberginen mit Sahne und Kräutern, lässt sich bei schöner Aussicht genießen. ⊘ Kadir Has Cad 11, Cibali• Karte E3 • (0212) 631 75 67 • $$$$

7 Aziyade Restaurant, Pierre Loti
Das Hotelrestaurant bietet traditionelle osmanische Küche. ⊘ Turkuaz Boutique Hotel, İdris Köşkü Cad, Eyüp • Karte A4 • (0212) 497 13 13 • $$$

8 Kömür, Fatih
Einheimische lieben das Café wegen der köstlichen, preisgünstigen Schwarzmeergerichte.
⊘ Fevzipaşa Cad 18 • Karte C4

9 Zeyrekhane Restaurant, Fatih
Die Terrasse bietet schöne Aussicht. Auf der Karte stehen osmanische Gerichte. Reservierung wird empfohlen. ⊘ İbadethane Arkası Sok 10, Zeyrek • Karte D3
• (0212) 532 27 78
• Mo geschl. • $$$

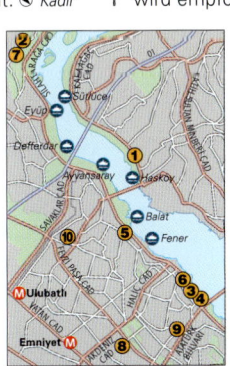

10 Asitane Restaurant, Edirnekapı
Gäste genießen delikate osmanische Speisen in stilvoller Umgebung. Reservierung ist empfehlenswert. ⊘ Kariye Oteli, Kariye Camii Sok 6 • Karte C1 • (0212) 534 84 14 • $$$

Weitere Restaurants in Istanbul siehe S.50f, S. 63, S. 71, S. 85, S. 93, S. 99

Links **Atatürk-Kulturzentrum** Rechts **Gemälde im Pera-Museum**

Beyoğlu

D IE »NEUSTADT« BEYOĞLU *liegt auf dem Hügel nördlich des Goldenen Horns gegenüber dem Zentrum des alten Stamboul. Früher wurde das Viertel auch Pera, also »die andere Seite«, genannt. Die Bezeichnung »Neustadt« trügt: Das Viertel ist seit 2000 Jahren bewohnt. Im frühen Byzanz lebten in Pera jüdische Kaufleute. Ende des 13. Jahrhunderts wurde Galata Genueser*

Kaufleuten als Dank für die Unterstützung bei der Rückeroberung der Stadt von den Kreuzrittern vermacht. In osmanischer Zeit entstanden dort europäische Botschaften und Handelszentren. Der Handel verlagerte sich vom Großen Basar hierher. Heute ist Beyoğlu Kern des modernen europäischen Istanbul mit eleganten Boulevards wie der Fußgängerzone İstiklal Caddesi, Konsulaten, Kirchen, Bars und Läden.

Galata-Turm und Uferpromenade von Beyoğlu

Attraktionen

1 **Galata-Turm**
2 **Pera Palas Hotel**
3 **İstiklal Caddesi**
4 **Galatasaray-Bad**
5 **Militärmuseum**
6 **Taksim-Platz**
7 **Çukurcuma**
8 **Pera-Museum**
9 **Atatürk-Kulturzentrum**
10 **Französische Straße**

1 Galata-Turm (Galata Kulesi)

Der 62 Meter hohe Turm ist eines der auffälligsten Wahrzeichen Istanbuls. Er wurde 1348 von den Genuesen, den wichtigsten Handelspartnern des Byxzantinischen Reichs, als Teil der Befestigungsanlagen von Galata erbaut. Der Turm überdauerte mehrere Erdbeben und wurde oft renoviert. Er besitzt elf Stockwerke. Aussichtsebene, Club und Restaurant in der obersten Etage erreicht man mit dem Aufzug. Die Aussicht auf das Goldene Horn und die Stadt ist herrlich. In dem Restaurant werden abends Volkstänze und Bauchtanz aufgeführt *(siehe S. 84)*. ⊗ *Büyük Hendek Sok • Karte F2 • (0212) 293 81 80 • Aussichtsebene: tägl. 9–19 Uhr (Dinnershow: tägl. 20–1 Uhr • Eintritt • www.galatatower.net*

2 Pera Palas Hotel (Pera Palas Oteli)

Istanbuls berühmtestes Hotel wurde 1892 für Reisende des Orient-Express erbaut. Agatha Christie soll bei ihren Aufenthalten zwischen 1924 und 1933 in Zimmer 411 die Kriminalgeschichte *Mord im Orient-Express* verfasst haben. Auch Mata Hari, Leon Trotzki, Greta Garbo, Josephine Baker, Jackie Onassis und Atatürk waren Gäste.
⊗ *Meşrutiyet Cad 52 • Karte .I5 • (0212) 222 80 90 • www.perapalas.com*

Das Pera Palas Hotel um 1929

3 İstiklal Caddesi

Tagsüber locken in der Hauptstraße von Beyoğlu zahlreiche Läden, abends viele Unterhaltungsmöglichkeiten *(siehe S. 84)*. Auf der 1,5 Kilometer langen Fußgängerzone verläuft eine Tramlinie. ⊗ *Karte J6–L4*

4 Galatasaray-Bad (Tarihi Galatasaray Hamamı)

Das exklusive Bad zieht eine wohlhabende Kundschaft an. Das 1481 von Beyazıt II. errichtete Hamam wurde sorgfältig restauriert. Die überkuppelten Säle, eleganten Marmorverzierungen und Brunnen sind äußerst attraktiv. Männer und Frauen nutzen getrennte Bereiche. ⊗ *Turnacıbaşı Sok 24 (ab İstiklal Cad) • Karto K6 • (0212) 252 42 42 • Männer: tägl. 6–22 Uhr, Frauen: 8–20 Uhr • Eintritt • www.galatasarayhamami.com*

5 Militärmuseum (Askeri Müze)

In der Militärakademie, in der Atatürk ausgebildet wurde, ist heute ein Museum untergebracht. Tausende Exponate erzählen die Geschichte der Kriegsführung von osmanischer Zeit bis zum Zweiten Weltkrieg. In

Eingangsbereich des Galatasaray-Bads

Mehr über die İstiklal Caddesi **siehe S. 82**

Taksim-Platz

zes ist Relikt der von Mahmud I. 1732 errichteten Verteilanlage. Das Denkmal der Republik im Westen des Platzes wurde 1928 errichtet. Es zeigt Atatürk und weitere Gründungsväter des modernen türkischen Staats. ⊗ *Karte L4*

den einzelnen Sälen sind Kettenhemden, Bronzerüstungen, Dolche und bestickte Zelte zu sehen. Ein Saal widmet sich der Laufbahn Atatürks. Der tägliche Auftritt der Mehter-Kapelle, die Musik des Elitekorps der Janitscharen spielt, ist eine beliebte Attraktion. ⊗ *Vali Konağı Cad, Harbiye • Karte B4 • (0212) 233 27 20 • Mi–So 9–17 Uhr (Mehter-Kapelle: tägl. 15 Uhr) • Eintritt*

6 Taksim-Platz (Taksim Meydanı)

Der Taksim-Platz, das belebte Zentrum des modernen Beyoğlu, war einst Zielpunkt der Fernwasserleitung aus dem Belgrader Wald. Das steinerne Reservoir im Süden des Plat-

Militärmärsche

Die von der Mehter-Kapelle auf dem Gelände des Militärmuseums täglich gespielte Musik war sehr einflussreich. Die im 14. Jahrhundert unter Osman I. gegründete Militärkapelle der Janitscharen begleitete die Armee auf Feldzügen, um den Feind durch den Klang der gewaltigen Trommeln, Zimbeln und *zurnas* (Kegeloboen) einzuschüchtern. Die Musik beeinflusste Kompositionen von Beethoven und Mozart. Auch die von John Philip Sousa komponierten Militärmäsche, die heute oft von Blaskapellen gespielt werden, enthalten Elemente der »Janitscharenmusik«.

7 Çukurcuma

Der historische Kern des Viertels Beyoğlu ist heute Standort vieler Läden mit Antiquitäten und Einrichtungsgegenständen. In den schön restaurierten Villen und Lagerhäusern werden u. a. antike Schränke, moderne Polstermöbel und Comics aus den 1960er Jahren verkauft. ⊗ *Karte K5*

Kriegshelm

8 Pera-Museum (Pera Müzesi)

Das Museum im ehemaligen Bristol Hotel wird von der Suna-und-İnan-Kiraç-Stiftung betrieben. Die Sammlungen in den ersten beiden Stockwerken zeigen Kütahya-Kacheln, Keramik sowie Gewichte und Messinstrumente aus Anatolien, die dem Privatbesitz der Familie Kiraç entstammen. Die im dritten Stock ausgestellten Gemälde mit Darstellungen des Lebens am osmanischen Hof ab dem 17. Jahrhundert schufen überwiegend europäische Künstler. Im obersten Stockwerk finden Wechselausstellungen statt. ⊗ *Meşrutiyet Cad 141 • Karte J5 • (0212) 334 99 00 • Di–Sa 10–19 Uhr, So 12–18 Uhr • Eintritt • www.peramuzesi.org.tr*

9 Atatürk-Kulturzentrum (Atatürk Kultur Merkezi)

Das Zentrum bietet kulturelle Veranstaltungen verschiedenster Art. Der große Saal fasst über

 Vehbi Koç, der Vater von Suna Kiraç und Rami Koç (siehe S. 74f), gründete die erfolgreichste Unternehmensgruppe in der Türkei.

1300 Zuschauer. Außerdem gibt es mehrere kleine Bühnen. Das Atatürk-Kulturzentrum (AKM) ist auch Sitz des Staatlichen Symphonieorchesters und dessen Chors. Neben Ballett-, Theater- und Opernaufführungen findet im AKM das Istanbul Arts und Culture Festival statt. Eintrittskarten sind am Schalter rechts neben dem Eingang erhältlich.

◎ *Taksim Meydanı • Karte H1 • (0212) 251 56 00 • Ticketschalter: tägl. 10–18 Uhr*

10 Französische Straße (Fransız Sokağı)

Die schmale, ehemals Cezayir Sokağı genannte Straße wurde renoviert und umgestaltet. Die zahlreichen netten Cafés, eine Kunstgalerie, Kopfsteinpflaster sowie alte Gaslaternen lassen seit der Eröffnung der Fransız Sokağı die Ende des 19. Jahrhunderts in Beyoğlu herrschende französische Atmosphäre wieder lebendig werden. In den Restaurants werden hervorragende französische Speisen serviert. Von den Bars auf den Dachterrassen genießen Gäste herrliche Aussicht. ◎ *Karte K5*

Französische Straße

Ein Tag in Beyoğlu

Vormittag

Gehen Sie über die Galata-Brücke zum **Galata-Turm**. Fahren Sie mit dem Aufzug ganz hinauf und genießen Sie die atemberaubende Aussicht. Wieder unten angelangt, können Sie sich in dem traditionellen Teegarten erfrischen, bevor Sie zur **Galip Dede Caddesi** schlendern. Dort können Sie in den kleinen Musikläden stöbern und traditionelle türkische Instrumente testen. Gehen Sie nun weiter Richtung **Tünel**. In der **Mevlevi-Loge** *(siehe S. 82)* erhalten Sie Informationen zu tanzenden Derwischen. Die kleinen Straßencafés in der **Asmalı Mescit Sokağı** oder in der **Französischen Straße** laden ein zum Mittagessen ein.

Nachmittag

In der **İstiklal Caddesi** können Sie in Musik- und Modeläden sowie der Shopping Mall **İş Merkezi** *(siehe S. 83)* stöbern. Danach empfiehlt sich die Besichtigung der Kirchen **Heilige Maria Draperis** und **St. Antonius von Padua** *(siehe S. 82)*. Um 15 Uhr tritt im **Militärmuseum** die Mehter-Kapelle auf. Gehen Sie nun zum Taksim-Platz zurück. Am Schalter des **AKM** können Sie sich über Kulturveranstaltungen informieren. Nach dem Besuch der Antiquitätenläden in **Çukurcuma** bietet das **Galatasaray-Bad** Entspannung. Gehen Sie anschließend am **Galatasaray-Gymnasium** vorbei in die **Nevizade Sokağı**. Die dortigen Restaurants sind auf Fischgerichte spezialisiert. Lassen Sie sich zu *meze* und dem Fang des Tages ein Glas *rakı* schmecken.

Restaurants in Beyoğlu siehe S. 85

Links **Historische Trambahn, İstiklal Caddesi** Rechts **Çiçek Pasajı**

İstiklal Caddesi

1 Tünel
Die von Franzosen 1874 konstruierte Standseilbahn, eine der ältesten U-Bahnen der Welt, befährt die 573 Meter lange Strecke zwischen Galata-Brücke und Beyoğlu. ✆ *Karte J6*

2 Christ Church
Das 1868 als Krimkirche geweihte Zentrum der Anglikanischen Kirche ist aus maltesischem Stein erbaut. ✆ *Serdar Ekrem Sok 82 • Karte J6 • (0212) 251 56 16 • frei*

3 Mevlevi-Loge (Mevlevi Tekkesi)
Das Ende des 18. Jahrhunderts gegründete Kloster eines Sufi-Ordens wurde in das Divan Edebiyatı Müzesi (Museum der Diwanliteratur) umgewandelt. Bis heute treten hier tanzende Derwische auf. ✆ *Galip Dede Cad 15 • Karte J6 • (0212) 245 41 41 • Mi–Mo 9–16 Uhr • Eintritt; Reservierung für Tanzvorführung*

4 Königlich Schwedisches Konsulat
Das wunderbare Gebäude von 1757 wurde 1870 nach einem Brand restauriert. ✆ *İstiklal Cad 497 • Karte J6 • (0212) 334 06 00 • nur zu besonderen Anlässen geöffnet*

5 Yapı Kredi Vedat Nedim Tör Müzesi
Die kleine Kunstsammlung wurde von einer der größten türkischen Banken gegründet. ✆ *İstiklal Cad 285 • Karte J5 • (0212) 252 47 00 • Mo–Fr 10–18.45 Uhr, Sa 10–17.45 Uhr, So 13–17.45 Uhr • frei*

6 Galatasaray-Gymnasium (Galatasaray Lisesi)
Die von Sultan Beyazıt II. 1481 für die Ausbildung von Knappen gegründete Schule gilt bis heute als eine der besten in der Türkei. ✆ *İstiklal Cad • Karte K5 • (0212) 249 11 00 • für die Öffentlichkeit geschl.*

7 Balık Pazarı
In den Gassen wird tagsüber ein Fisch-, Obst- und Gemüsemarkt abgehalten, abends locken preiswerte Restaurants. ✆ *Karte J5*

8 Çiçek Pasajı
Die Cité de Pera (1876), einer von mehreren Bogengängen an der İstiklal Caddesi, beherbergte einst einen Blumenmarkt. Heute liegen hier zahlreiche Urlauberrestaurants *(siehe S. 85)*. ✆ *Karte K4*

9 St. Antonius von Padua
Das Bauwerk aus rotem Backstein ist die größte katholische Kirche der Stadt. Das Gotteshaus wurde 1912 von dem in Istanbul geborenen italienischen Architekten Giulio Mongeri errichtet. ✆ *İstiklal Cad • Karte J5 • (0212) 244 09 35 • tägl. 8–19.30 Uhr (So 12.30–15 Uhr geschl.) • frei*

10 Nostaljik Tramvay
Im 19. Jahrhundert verkehrten von Pferden gezogene Trambahnen auf der İstiklal Caddesi. 1914 wurde die Straßenbahn elektrifiziert, 1961 stillgelegt, 1990 wieder in Betrieb genommen. Fahrkarten sind an den Endhaltestellen erhältlich. ✆ *Karte J5–L4*

In Istanbul unterwegs siehe S. 104

Links **Musikinstrumente, Galip Dede Caddesi** Rechts **Ali Muhiddin Hacı Bekir**

TOP10 Shopping

1 Aznavur Pasajı
Die italienisch anmutenden Einkaufsarkaden in der İstiklal Caddesi bestehen seit 1883. Auf neun Etagen sind handgefertigte Produkte wie Schmuck, Kleidung und Souvenirs erhältlich. 🚫 *İstiklal Cad, Galatasaray Meydanı 212 • Karte K5*

2 Galip Dede Caddesi
In der kleinen Straße bieten Spezialgeschäfte Musikinstrumente wie die traditionelle *oud*, handgefertigte Geigen und gebrauchte Akkordeons. 🚫 *Tünel • Karte J6*

3 Çukurcuma
Die Straßen um den Taksim-Platz säumen zahlreiche Antiquitätenläden. 🚫 *Karte K5*

4 Teşvikiye
In den Einkaufsstraßen von Teşvikiye bieten Boutiquen Produkte von exklusiven Designern an. Gönul Paksoy verkauft Kleidung, Sema Paksoy Schmuck. In dem Viertel sind außerdem viele vornehme Cafés ansässig.
🚫 *Rumeli Cad • Karte C4*

5 İş Merkezi
Die dreistöckige Shopping Mall zieht viele Schnäppchenjäger an. Die zahlreichen kleinen Läden bieten hochwertige Mode. Viele Artikel sind zweite Wahl oder stammen aus Überschussproduktion. Deshalb sind sie äußerst preiswert. Die Schneiderei im Kellergeschoss führt Änderungswünsche innerhalb eines Tages aus. 🚫 *İstiklal Cad • Karte J5*

6 Kanyon, Levent
Das Shopping-Center beherbergt 160 Läden. Hier ist Mode von internationalen Firmen wie Harvey Nichols, Apple Store, Birkenstock und Max Mara erhältlich. 🚫 *Büyükdere Cad 185 • Karte U3*

7 Koton
Die Filiale einer türkischen Kette verkauft preiswerte Damen- und Herrenmode. Das Design ist stets aktuell. Es gibt auch Abend- und Freizeitgarderobe. 🚫 *İstiklal Cad 54 • Karte K4*

8 Paşabahçe
Der Flagship-Store einer der größten Glasmanufakturen der Welt bietet in der Türkei hergestellte, erschwingliche Produkte in modernem und traditionellem Design. 🚫 *İstiklal Cad 314 • Karte J5*

9 Nişantaşı
Die Straße gilt als Zentrum für Designerware in Istanbul. Die luxuriösen Läden ziehen eine wohlhabende Kundschaft an. Es gibt mehrere gute, wenngleich kostspielige, Restaurants und Cafés. 🚫 *Karte C4*

10 Ali Muhiddin Hacı Bekir
In dem Laden ist hervorragender Türkischer Nougat *(lokum)* erhältlich. Die Süßigkeit wurde 1777 in der Filiale in Beyoğlu erfunden. Auch die in dem Laden angebotenen *akide* (bunter Kandis), *halva*, *baklava* und Marzipan sind köstlich. 🚫 *İstiklal Cad 83/A • Karte K4*

Mehr über Shopping in Istanbul **siehe S. 42f**

Links **Nardis Jazz Club** Mitte **Dinnershow, Galata-Turm** Rechts **Riddim**

TOP 10 Clubs

Nardis Jazz Club
Jeden Abend wird Live-Musik gespielt. Wählen Sie einen Tisch nahe der Bühne. Auf der Speisekarte stehen Salate und Nudelgerichte. ◎ *Kuledibi Sok 14 • Karte F3 • (0212) 244 63 27*

Babylon
Das Babylon gilt als bestes Lokal der Stadt für Live-Musik aller Art. ◎ *Şeyhbender Sok 3 • Karte J6 • (0212) 292 73 68*

Galata-Turm
Der Genueser Wachturm *(siehe S. 79)* bietet eine herrliche Aussicht auf die Silhouette der Stadt. Das Programm beinhaltet Volkstanz, eine »Harem«-Show und Bauchtanz. Serviert werden traditionelle türkische Gerichte. ◎ *Büyük Hendek Sok • Karte F2 • (0212) 293 81 80*

Indigo Music Hall
In dem angesagten Club spielen DJs und Livebands elektronische Musik. ◎ *İstiklal Cad, Akarsu Sok, Mısır Apartmanı 1–5 • Karte J5 • (0212) 244 85 67*

Süheyla
In dem traditionellen *meyhane (siehe S. 110)* wird *fasıl* gespielt. Die Musik ist teils klassisch türkisch geprägt, teils wurzelt sie in der Tradition der Zigeuner. Das Publikum geht begeistert mit. Zu den Speisen wird unbegrenzt *rakı* ausgeschenkt. ◎ *Kalyoncu Kulluğu Cad 19 (nahe Balık Pazarı) • Karte J5 • (0212) 251 83 47*

Riddim
In dem eleganten, bei Urlaubern beliebten Club legen DJs R'n'B, Reggae, Hip-Hop, Latin und Weltmusik auf. Gelegentlich spielen Livebands. ◎ *Sıraselviler Cad 35/1 • Karte L4 • (0212) 251 27 23*

Roxy
Im Roxy treten einheimische und internationale Bands auf. Es ist auch Veranstaltungsort des International Istanbul Jazz Festival *(siehe S. 47)*. ◎ *Sıraselviler Cad (nahe Taksim Meydanı) • Karte L4 • (0212) 249 12 83*

360
Der Club besitzt ein elegantes Publikum. Gespielt wird Lounge-Musik, nach Mitternacht sorgt ein DJ für tanzbare Klänge. Die Rundumsicht von der Dachterrasse ist fantastisch. ◎ *İstiklal Cad 311 • Karte J5 • (0212) 251 10 42*

Bar Bahçe
Der homosexuelle Club ist im Stil der 1970er Jahre eingerichtet. Die Musik ist international. Die schwungvolle Atmosphäre macht den Club auch bei heterosexuellen Gästen beliebt. ◎ *Soğancı Sok 7, 1. Stock, (nahe Sıraselviler Cad) • Karte L5 • (0212) 245 17 18*

Kervansaray
In dem mit Gold geschmückten Saal erleben Gäste seit 1949 türkische Tradition. Es werden Live-Musik, Volks-, Bauchtanz und *fasıl* geboten. ◎ *Cumhuriyet Cad 30, Harbiye • Karte B5 • (0212) 247 16 30*

Preiskategorien

Preis für eine Mahlzeit mit *meze* und Hauptgericht ohne alkoholische Getränke, inklusive Steuern und Service.	
$	unter 14 YTL
$$	14–20 YTL
$$$	20–27 YTL
$$$$	27–42 YTL
$$$$$	über 42 YTL

Leb-i-Derya

TOP 10 Bars, Cafés & Restaurants

1 Nevizade Sokak
In der schmalen Straße servieren Restaurants fangfrischen Fisch und *rakı*. 🖎 Karte K4 • $$$

2 Çiçek Pasajı
Unter den Arkaden an der İstiklal Caddesi befand sich einst ein Blumenmarkt. Heute sorgen zahlreiche Restaurants und *meyhanes* für Unterhaltung. 🖎 Karte K4 • $$$

3 Refik
Das traditionelle *meyhane* hält mit *meze*, Wein und entspannter Atmosphäre die Vergangenheit wach. 🖎 Sofyali Sok 10–12 • Karte J6 • (0212) 243 28 34 • $$

4 Galata House
Die Wände des Restaurants in einem umgebauten britischen Gefängnis weisen noch Graffitis einstiger Insassen auf. Die russischen, georgischen und türkischen Gerichte sind kostlich. 🖎 Galata Kulesi Sok 15 • Karte F2 • (0212) 245 18 61 • Mo geschl. • $$$

5 Yakup 2
Das Lokal ist v. a. bei großen Gruppen beliebt. Das Essen ist exzellent. Serviert werden verschiedene *meze*, Salate und Grillgerichte. Im Yakup 2 wird viel Alkohol ausgeschenkt. 🖎 Asmalımescit Sok 35–37 • Karte J6 • (0212) 249 29 25 • $$

6 Hala Mantı
Das beliebte Lokal kredenzt deftige türkische Speisen wie *mantı* (gefüllte Teigtaschen). 🖎 Büyükparmakkapı, Çukurlu Çeşme Sok 14/A • Karte L4 • (0212) 293 75 31 • $

7 Leb-i-Derya
Genießen Sie nach einem Cocktail die mit 40 Gewürzen zubereitete Spezialität *steak mahmudiye*. Für einen Tisch auf der kleinen Dachterrasse muss man frühzeitig erscheinen. Am Wochenende ist Reservierung erforderlich. 🖎 Kumbaracı Yokuşu 57/6 • Karte J6 • (0212) 293 49 89 • $$$

8 Zencefil
In dem reizenden kleinen Café-Restaurant sind schmackhafte europäische vegetarische Gerichte erhältlich. Es gibt einen Garten. 🖎 Kurabiye Sok 8–10 • Karte K4 • (0212) 243 82 34 • $

9 Tarihi Pano Şaraphanesi
In dem historischen Weinhaus wird auch Bier ausgeschenkt. 🖎 Hamalbaşı Cad 12/B • Karte J4 • (0212) 292 66 64

10 Changa
Das elegante Restaurant in einem Jugendstilgebäude bietet köstliche, pazifische Gerichte. Durch den Glasboden blickt man in die Küche. 🖎 Sıraselviler Cad 47 • Karte L5 • (0212) 249 13 48 • So geschl • $$$$$

➡ *Restaurant-Tipps* **siehe S. 110**

Links **İstanbul Modern** Rechts **Blick über den Bosporus auf die asiatische Seite**

Bosporus

DER BOSPORUS *ist eine der verkehrsreichsten Wasserstraßen der Welt. Er ist Teil des einzigen Schifffahrtswegs zwischen Schwarzem Meer und Mittelmeer. Die 32 Kilometer lange, zwischen drei Kilometer und 672 Meter breite Meerenge verbindet das Schwarze Meer mit dem Marmarameer. Sie trennt Europa und Asien. Der Bosporus untersteht internationalem Seefahrtsrecht, sodass die Türkei nur über unter der eigenen Landesflagge fahrende Schiffe Autorität besitzt. Die Navigation durch die Meerenge ist aufgrund durch den Zusammenfluss von Salz- und Süßwasser entstehender Unter- und Oberströmungen schwierig. Die historischen Bauten an den Ufern sind beeindruckend.*

Die imposanten Mauern und Bastionen der Europäischen Festung

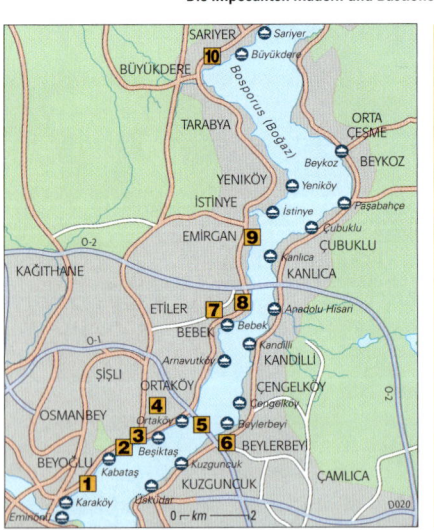

Attraktionen

1 **İstanbul Modern – Museum für Moderne Kunst**

2 **Dolmabahçe-Palast**

3 **Schifffahrtsmuseum**

4 **Yıldız-Palast**

5 **Bosporus-Brücke**

6 **Beylerbeyi-Palast**

7 **Aşiyan-Museum**

8 **Europäische Festung**

9 **Sakıp-Sabancı-Museum**

10 **Sadberk-Hanım-Museum**

 Vorhergehende Doppelseite **İznik-Kacheln in der Blauen Moschee**

1 İstanbul Modern – Museum für Moderne Kunst (İstanbul Modern Sanat Müzesi)

Die kleine Dauerausstellung des Museums zeigt moderne türkische Malerei, Bildhauerei und Fotografie. Es gibt Wechselausstellungen, Video- und Audio-Installationen und ein Programmkino *(siehe S. 35)*. ⊗ *Meclis-i Mebusan Cad, Karaköy • Karte G2 • (0212) 334 73 00 • www.istanbulmodern.org • Di–So 10–18 Uhr (Do bis 20 Uhr) • Eintritt*

Alabasterbad, Dolmabahçe-Palast

2 Dolmabahçe-Palast (Dolmabahçe Sarayı)

1853 zog Sultan Abd ül-Medschid mit der Familie und den Regierungsbeamten aus dem Topkapı-Palast in den europäisch geprägten Palast in Beşiktaş am Ufer des Bosporus *(siehe S. 26f)*.

3 Schifffahrtsmuseum (Deniz Müzesi)

Das faszinierende Museum veranschaulicht die Geschichte der Seefahrt im Osmanischen Reich. Es belegt zwei Gebäude nahe dem Fährhafen von Beşiktaş. In einem Haus sind Kaiken ausgestellt. Die prachtvollen Ruderschiffe beförderten die Sultane mit ihrem Gefolge auf dem Bosporus. Die größte Kaik, 1648 für Sultan Mehmed IV. gebaut, ist 40 Meter lang. Sie erforderte den Einsatz von 144 *bostancıs* (Ruderern). Im zweiten Museumsgebäude sind Galionsfiguren, erbeutete Standarten, Waffen, Gemälde und Stiche sowie Einrichtungsgegenstände von Atatürks privater Yacht *Savarona* zu sehen. ⊗ *Hayrettin*

Ruderschiff Atatürks, Schifffahrtsmuseum

Paşa İskelesi Sok, Beşiktaş • Karte C5 • (0212) 327 43 45 • Tram Kabataş, dann 5 Min. Fußweg • Mi–So 9–17 Uhr • Eintritt • www.denizmuzeleri.tsk.tr

4 Yıldız-Palast (Yıldız Sarayı)

Große Teile des weitläufigen Palasts erbaute Abd ül-Hamid II. selbst. Der Sultan (reg. 1876–1909) war ein talentierter Zimmermann. Seine Werkstatt ist heute das Yıldız-Palastmuseum. Park und Pavillons sind ebenfalls öffentlich zugänglich. Auf dem Gelände liegt auch die Höfische Porzellanmanufaktur. Die einstige Herstellung exquisiter Ware wurde durch Massenproduktion abgelöst. ⊗ *Yıldız Cad, Beşiktaş • Karte C4 • (0212) 258 30 80 • Palast: Mi–Mo 9.30–16.30 Uhr; Park: tägl. 9–18 Uhr (Winter: bis 17.30 Uhr) • Eintritt*

Şale-Pavillon, Yıldız-Park

➡ *Museen in Istanbul* **siehe S. 34f**

Stadtteile – Bosporus

5 Bosporus-Brücke (Boğaziçi Köprüsü)

Die Brücke wurde 1973 zur Feier des 50. Jahrestags der Gründung der Republik Türkei eingeweiht. Die imposante Konstruktion verbindet Europa und Asien. Mit 1560 Metern Länge ist die Brücke über den

Marmorbrunnen im Beylerbeyi-Palast

Bosporus die sechstlängste Hängebrücke der Welt. Sie ist für Fußgänger gesperrt. Bei Verkehrsstau zu Stoßzeiten kann man das Bauwerk jedoch vom Auto aus ausgiebig bewundern. ❦ Karte C4

6 Beylerbeyi-Palast (Beylerbeyi Sarayı)

Der kleine, überreich verzierte Palast wurde zwischen 1860 und 1865 von Sultan Abd ül-Asis als Sommerresidenz errichtet. Sultan Abd ül-Hamid II. zog sich nach seiner Entmachtung 1909 in den Palast zurück. Das von Sarkis Balyan im Stil des orientalischen Rokoko errichtete Bauwerk ist äußerst detailreich. Die Treppen in dem mit einem Brunnen aus-

gestatteten Empfangssaal sind mit Intarsien dekoriert. Handverzierte Türgriffe, böhmische Kristallleuchter und Hereke-Teppiche sind weitere Dekorationselemente. Die Möbel aus Walnuss- und Rosenholz fertigte Sultan Abd ül-Hamid II. eigenhändig an *(siehe S. 89)*. ❦ *Çayırbaşı Cad (neben der Bosporus-Brücke)* • *Karte C5* • *(0216) 321 93 20* • *Bus 15 ab Üsküdar* • *Di, Mi, Fr–So 9–17 Uhr (Okt–Apr: bis 16 Uhr); Führungen* • *Eintritt*

7 Aşiyan-Museum (Aşiyan Müzesi)

Der Dichter und Philosoph Tevfik Fikret (1867–1915) gründete die Bewegung zur Erneuerung der türkischen Literatur Edebiyat-i Cedid. 1906 errichtete er das Holzhaus, das sich heute auf dem Campus der Boğaziçi-Universität befindet. Persönliche Gegenstände und Fotos der Mitglieder erinnern an die Bewegung. ❦ *Aşiyan Yolu, Bebek* • *Karte U4* • *(0212) 263 69 86* • *Di, Mi, Fr–So 9–16 Uhr*

8 Europäische Festung (Rumeli Hisarı)

Mehmed II. ließ 1452 während der Vorbereitung auf den letzten Angriff auf Konstantinopel die gewaltige Festung an der schmalsten Stelle des Bosporus errichten. Sie liegt gegenüber der älteren Anatolischen Festung (Anadolu Hisarı; *siehe S. 92*). Das

---

Königliche Ängste

Da Sultan Abd ül-Hamid II. (reg. 1876–1909) sich vor Verschwörungen im Land und vor Angriffen ausländischer Schiffe auf den Dolmabahçe-Palast fürchtete, bezog er den kleinen Yıldız-Palast *(siehe S. 89)*. Der Kern des Palasts, die Prunkräume (Büyük Mabeyn), stammt aus der Regierungszeit Sultan Selims III. (reg. 1789–1807). Abd ül-Hamid II. schuf auf dem weitläufigen Palastgelände mehrere Pavillons und Villen. Angeblich wechselte der Sultan jede Nacht die Schlafstätte. Im April 1909 wurde Abd ül-Hamid II. durch einen Umsturz entmachtet.

Bauwerk unterband die Versorgung Konstantinopels. Die Umfassungsmauer um die drei Haupttürme besitzt 13 Bastionen. Ein Turm wurde später als Gefängnis genutzt. Seit der Renovierung 1953 dient die Festung als Freilichttheater. ✆ *Yahya Kemal Cad • Karte U4 • (0212) 263 53 05 • Do–Di 9–16.30 Uhr • Eintritt*

9 Sakıp-Sabancı-Museum (Sakıp Sabancı Müzesi)

Das Museum wird auch Atlı Köşk (Pferdepavillon) genannt. Das von 1951 bis 1999 von der Industriellenfamilie Sabancı als Sommerresidenz genutzte Gebäude umgeben herrliche Grünanlagen. Der Blick auf den Bosporus ist fantastisch. Das Museum zeigt osmanische Kalligrafie sowie Gemälde türkischer Künstler des 19. und 20. Jahrhunderts. Der moderne Anbau dient Wechselausstellungen. ✆ *Sakıp Sabancı Cad 22, Emirgan • Karte U3 • (0212) 277 22 00 • Di & Do–Sa 10–18 Uhr (Mi bis 22 Uhr) • Eintritt • http://muze.sabanciuniv.edu*

10 Sadberk-Hanım-Museum (Sadberk Hanım Müzesi)

Die Ausstellung türkischer Stickarbeiten, Goldschmucks, anatolischer Figurinen, assyrischer Keilschrifttafeln und hethitischer Münzen ist sehenswert. ✆ *Piyasa Cad 27–9, Büyükdere • Karte U2 • (0212) 242 38 13 • www.sadberkhanimmuzesi.org.tr • Do–Di 10–17 Uhr • Eintritt*

Sadberk-Hanım-Museum

Ein Spaziergang durch Karaköy

Vormittag

🕐 Von dem Fischmarkt am **Karaköy-Platz** führt die Haraççı Ali Sok zum **Jüdischen Museum** in der Zülfaris-Synagoge aus dem 17. Jahrhundert. Biegen Sie nach der Besichtigung links in die **Voyvoda Caddesi** ein. Sie ist nach Vlad dem Pfähler benannt, dessen Kopf hier angeblich ausgestellt war. Das alte Bankenviertel besitzt schöne Gebäude. Die **Kamondo-Treppe** führt zum Galata-Turm. Folgen Sie der Karaköy Caddesi hinab. Rechts liegt die über einer Moschee und byzantinischen Burgruinen erbaute Villa **Yeraltı Camii** (19. Jh.).

Nachmittag

Biegen Sie am Karaköy-Platz links in die **Rıhtım Caddesi** ein. Bei **Güllüoğlu** sind exquisite *baklava* erhältlich. Das Gebäck wird per Kilo verkauft. Im **Galata Rıhtım Köftecisi** können Sie zu Mittag essen. Die Straße führt nun zu zwei kleinen Moscheen. Die **Nusretiye-Moschee** rechter Hand wurde in den 1820er Jahren von Kirkor Balyan erbaut. Die 1580 von Sinan errichtete **Kılıç-Ali-Paşa-Moschee** ist nach einem Admiral Suleimans I. benannt. Biegen Sie rechts in die Hauptstraße ein. Hinter der Mimar-Sinan-Universität wenden Sie sich rechts. Gehen Sie durch das alte Hafengebiet zum **İstanbul Modern** *(siehe S. 89)*. Die elegante Café-Bar bietet Aussicht auf den Bosporus. Mit der Metro Richtung Kabataş und der Standseilbahn gelangen Sie zu dem auf dem Hügel gelegenen Restaurant **Changa** in Taksim *(siehe S. 85)*.

➡ *Schifffahrt auf dem Bosporus siehe S. 28f*

Links **Anatolische Festung** Mitte **Tor des Çırağan-Palasts** Rechts **Ortaköy**

Dies & Das

1 Museum für Malerei und Skulptur (Resim ve Heykel Müzesi)

In der Kronprinzensuite des Dolmabahçe-Palasts ist Kunst aus dem 19. und 20. Jahrhundert zu sehen. ✆ *Hayrettin Paşa Iskelesi Sok, Beşiktaş • Karte C5 • (0212) 261 42 98 • Bus 25E, 28, 40, 56 • fortlaufende Renovierung; Öffnungszeiten tel. erfragen • frei*

2 Çırağan-Palast (Çırağan Sarayı)

Sultan Abd ül-Asis investierte hohe Summen in den Palast (1874), befand ihn aber als zu feucht und gab das Gebäude auf. Heute ist hier ein Luxushotel ansässig. ✆ *Çırağan Cad 32, Beşiktaş • Karte C5 • (0212) 326 46 46 • www.ciragan-palace. com • Bus 25E, 40*

3 Ortaköy

Die Uferstraße des hübschen Dorfs an der Bosporus-Brücke säumen Cafés, Restaurants und Clubs. Am Wochenende findet ein Handwerksmarkt statt. ✆ *Karte C5 • Bus 25E, 40*

4 SAV Otomobil Müzesi

Das Museum birgt die größte Sammlung von Oldtimern in der Türkei. ✆ *Nato Yolu, Bosna Bulvarı 104, Çengelköy (asiatische Seite) • Karte U4 • (0216) 329 50 30 • Di–So • Eintritt*

5 Arnavutköy

Das Dorf war einst für Erdbeeren bekannt. Heute ist es für die zauberhaften *yalıs* (Holzvillen) an der Uferpromenade berühmt. ✆ *Karte U4 • Fähre oder über Land*

6 Küçüksu-Palast (Küçüksu Kasrı)

Das bei den Osmanen als »Süße Wasser Asiens« bekannte Beykoz war Tummelplatz des Hofes. Der Palast wurde 1857 für Abd ül-Medschid I. gebaut. ✆ *Küçüksu Cad, Beykoz (asiatische Seite) • Karte V3 • (0216) 332 33 03 • Bus 15 ab Üsküdar • Di, Mi, Fr–So 9.30–16 Uhr • Eintritt*

7 Anatolische Festung (Anadolu Hisarı)

Die Festung auf der asiatischen Seite wurde 1391 von Beyazıt I. errichtet. Sie liegt der 1452 erbauten Europäischen Festung gegenüber (siehe S. 90). ✆ *Karte U4 • Schiff oder über Land bis Kanlıca • (0212) 263 53 05 • Öffnungszeiten tel. erfragen*

8 Emirgan-Park (Emirgan Parkı)

In dem hübschen Park wird im April das Tulpenfest veranstaltet. ✆ *Emirgan Sahil Yolu • Karte U3 • (0212) 277 57 82 • Bus 25E, 40 • tägl. 7–22.30 Uhr*

9 Tarabya

Im 18. Jahrhundert bewohnten wohlhabende Griechen das Dorf. Es bietet mehrere gute Fischrestaurants. ✆ *Karte U2 • Fähre oder über Land*

10 Anadolu Kavağı

An der Endstation der Fähren auf dem Bosporus kann man den Berg zu der Genueser Festung aus dem 14. Jahrhundert hinaufsteigen. ✆ *Karte V2 • asiatische Seite*

 Bei Telefonaten von der europäischen Seite zur asiatischen Seite Istanbuls ist 0216 vorzuwählen.

Preis für eine Mahlzeit mit *meze* und Hauptgericht ohne alkoholische Getränke, inklusive Steuern und Service.	
$	unter 14 YTL
$$	14–20 YTL
$$$	20–27 YTL
$$$$	27–42 YTL
$$$$$	über 42 YTL

TOP 10 Bars, Cafés & Restaurants

1 Amerikan Pasajı

In der Gasse befinden sich viele *Nargile*-Cafés. Einige sind die ganze Nacht hindurch geöffnet und gestatten das Mitbringen von Speisen. ◉ *Karaköy • Karte F3*

2 Laledan, Beşiktaş

Das zum luxuriösen Çırağan Palace Hotel Kempinski gehörende Restaurant serviert internationale Gerichte in märchenhaftem Ambiente. ◉ *Çırağan Cad, Beşiktaş • Karte C5 • (0212) 258 33 77 • $$$$$*

3 Vogue

In dem Sushi-Restaurant mit Fusionsküche ist Resevierung erforderlich. Es befindet sich im 13. Stock eines Hochhauses. ◉ *Spor Cad 48, BJK Plaza A, Block 13, Beşiktaş • Karte C5 • (0212) 227 25 45 • $$$$*

4 Feriye Lokantası

Das an der Uferpromenade von Ortaköy malerisch gelegene Feriye serviert köstliche osmanische Gerichte wie Lamm vom Holzkohlegrill. Reservierung ist erforderlich. ◉ *Çırağan Cad 40, Ortaköy • Karte U4 • (0212) 227 22 16/7 • $$$$*

5 The House Café

Das beliebte Café in Ortaköy bietet ungewöhnliche, z. B. mit Birne, Roquefort und Honig belegte Pizzas, Meeresfrüchte und Brunchgerichte wie Eier Benedikt. Im Sommer lockt die Terrasse am Ufer. ◉ *Yıldız Mahallesi, Salhane Sok 1, Ortaköy • Karte U4*

6 Angelique

Das gehobene Restaurant Da Mario auf der Terrasse am Ufer hat nur im Sommer geöffnet. Im ersten und zweiten Stock werden internationale Speisen serviert. Spätabends werden die Räume in einen Club verwandelt. ◉ *Muallim Naci Cad, Salhane Sok 5, Ortaköy • Karte U4 • (0212) 327 28 44/5 • $$$$*

7 Istanbul Jazz Café

Das lebhafte Lokal ist Veranstaltungsort des jährlichen Jazzfestivals *(siehe S. 47)*. Speisen werden auch auf der Terrasse serviert. Außer sonntags wird jeden Abend Live-Musik gespielt. ◉ *Çırağan Cad 48, Ortaköy • Karte U4*

8 Kordon

Das vornehme Fischrestaurant bietet herrliche Aussicht und köstliche Speisen. ◉ *Kuleli Cad 51, Çengelköy (asiatische Seite) • Karte U4 • (0216) 321 04 73 • $$$$*

9 Reina

In dem extravaganten Club wird europäische Musik aufgelegt. ◉ *Muallim Naci Cad 44, Ortaköy • Karte U4 • (0212) 259 59 19 • frei; Fr & Sa Eintritt*

10 Körfez

Einfache, köstliche Fischgerichte und die romantische Lage am Bosporus machen das Restaurant äußerst beliebt. ◉ *Bariş Manço Cad 78, Kanlıca (asiatische Seite) • Karte V3 • (0216) 413 43 14 • Mo mittags geschl. • $$$$*

Weitere Restaurants in Istanbul siehe S. 50f, S. 63, S. 71, S. 77, S. 85, S. 99

Links **Leanderturm** Rechts **Puppenhaus, Spielzeugmuseum**

Asiatische Seite

D IE ASIATISCHE SEITE *ist überwiegend Wohngebiet. Der wenig besuchte Teil Istanbuls bietet viele verborgene Schätze. In Üsküdar stehen einige von Sinan errichtete Moscheen. Büyük Çamlıca bietet fantastische Aussicht. Das Florence-Nightingale-Museum in der Selimiye-Kaserne ist sehenswert. Die Märkte von Kadıköy laden zum Bummel ein, in der Bağdat Caddesi befinden sich viele Cafés. Der hübsche Hafen in Moda lockt Tagesausflügler an, am Bahnhof Haydarpaşa herrscht reger Passagierverkehr. Von Eminönü ablegende Fähren führen zu dem Stadtteil auf dem anderen Kontinent.*

Grab des Kriegers Karaca Ahmed

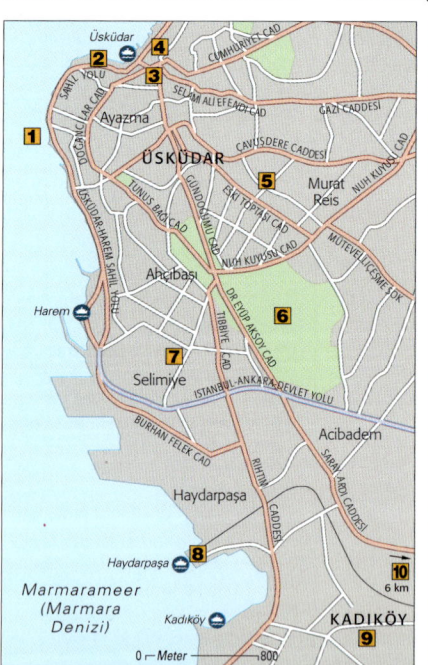

Attraktionen

1. Leanderturm
2. Şemsi-Paşa-Moschee
3. Yeni-Valide-Moschee
4. İskele-Moschee
5. Atik-Valide-Moschee
6. Karaca-Ahmed-Friedhof
7. Florence-Nightingale-Museum
8. Bahnhof Haydarpaşa
9. Kadıköy
10. Spielzeugmuseum

Bei Telefonaten von der europäischen Seite zur asiatischen Seite Istanbuls ist 0216 vorzuwählen.

1 Leanderturm (Kız Kulesi)

Der Sage nach ertrank Leander, als er von Abydos auf der asiatischen Seite aus die Dardanellen durchschwamm, um zu seiner Geliebten Hero, einer Priesterin, zu gelangen, die am anderen Ufer in Sestos wartete. Der deutsche Name des auf einer kleinen Insel vor Üsküdar gelegenen Turms (18. Jh.) rührt von der Sage. Die türkische Bezeichnung »Mädchenturm« erinnert an eine byzantinische Prinzessin, die den Turm bezog, da man ihr vorhergesagt hatte, sie würde an einem Schlangenbiss sterben. In einem Korb Feigen gelangte eine Schlange zu ihr. Der Turm *(siehe S. 28)* diente einst als Quarantänestation und Zollamt. Das heute im Turm ansässige Restaurant war ein Schauplatz in dem James-Bond-Film *Die Welt ist nicht genug.* ◐ *Karte W3 • (0216) 342 47 47 • Turm: Mo–Fr 12.30–18.30 Uhr, Sa & So 9.15–18.30 Uhr; Restaurant: bis 1 Uhr • www.kizkulesi.com.tr*

2 Şemsi-Paşa-Moschee (Şemsi Paşa Camii)

Der Sage nach lassen sich auf der Moschee aus Respekt vor ihrer Anmut und vor dem Architekten keine Vögel nieder. Die Moschee, eines der letzten Bauwerke Mimar Sinans *(siehe S. 21)*, wurde 1580 für den Großwesir Suleimans I., Şemsi Ahmed Paşa, errichtet. Das an der Strandpromenade malerisch gelegene Gebäude aus weißem Stein umgeben Fischrestaurants. ◐ *Sahil Yolu • Karte W2 • Fähre: Üsküdar • tägl. • frei*

Brunnen für Waschungen, İskele-Moschee

3 Yeni-Valide-Moschee (Yeni Valide Camii)

Die imposante Moschee ließ Ahmed III. 1710 für seine Mutter Gülnuş Emetullah erbauen. ◐ *Hakimiyeti Milliye Cad • Karte X2 • Fähre: Üsküdar • tägl.*

4 İskele-Moschee (İskele Camii)

Das auch Mihrimah-Moschee genannte Gotteshaus war ein Geschenk Suleimans I. für seine Lieblingstochter Mihrimah. Es wurde 1547 errichtet. Der erhöhte Portikus gewährt eine schöne Aussicht auf den Hauptplatz. ◐ *Hakimiyeti Milliye Cad • Karte X2 • (0216) 321 93 20 • Fähre: Üsküdar • tägl.; zu Gebetszeiten geschl. • frei*

5 Atik-Valide-Moschee (Atik Valide Camii)

Der auf einem Hügel gelegene Komplex der »Alten Moschee der Sultansmutter« wurde 1583 für die Valide Sultana Konya Nurbanu, die venezianisch-jüdische Frau Selims II., erbaut. Die Anlage ist ein Meisterwerk Sinans *(siehe S. 38)*. ◐ *Çinili Cami Sok • Karte Y3 • Bus 12C ab Üsküdar • nur zu Gebetszeiten*

Şemsi-Paşa-Moschee, Üsküdar

 Verhaltensregeln für den Besuch einer Moschee **siehe S. 39**

6 Karaca-Ahmed-Friedhof (Karaca Ahmet Mezarlığı)

Der muslimische Friedhof ist der größte in der Türkei. Er wurde im 14. Jahrhundert angelegt und nach dem hier begrabenen Krieger Karaca Ahmed benannt. Zwischen den alten Zypressen und Gräbern kann man wunderbar spazieren gehen. ✆ *Nuh Kuyusu Cad, Selimiye • Karte Y5 • Bus 12 • tägl. 9.30–17.30 Uhr; Grab: tägl. 9.30–16.30 Uhr*

7 Florence-Nightingale-Museum

Das Museum im Nordwestturm der Selimiye-Kaserne gedenkt der britischen Krankenschwester Florence Nightingale (1820–1910). Nightingale versammelte 38 Frauen um sich, mit denen sie 1854 in Istanbul ein Krankenhaus aufbaute, um Tausende im Krimkrieg verwundeter türkischer und alliierter Soldaten zu versorgen. Die moderne Krankenpflege wurde von Nightingale maßgeblich weiterentwickelt. Das Museum zeigt

Büste von Florence Nightingale

Fotografien und Medaillons, Geschenke von Sultan Abd ül-Medschid und die Lampe, die ihr den Beinamen »Dame mit der Lampe« verschaffte. Die riesige Kaserne wurde 1828 unter Mahmud II. errichtet. Sie ersetzte einen früheren, von Selim III. angelegten Komplex. ✆ *Selimiye Kışlası, Çeşme-i-Kebir Cad • Karte X5 • (0216) 343 73 10 • Fähre: Harem • tägl. 9–16 Uhr • frei • Besichtigungen sollten mindestens zwei Tage vorab unter (0216) 553 10 09 per Fax mit Angabe von Name, Nationalität, Passnummer und Adresse erbeten werden*

8 Bahnhof Haydarpaşa

Der Bahnhof Haydarpaşa ist der größte in der Türkei und der am weitesten westlich gelegene Asiens. Das 1908 von den deutschen Architekten Otto Ritter und Helmuth Cuno erbaute Gebäude war ein Geschenk des deutschen Kaisers Wilhelm II. an die Türkei. Heute ist der Bahnhof Startpunkt für Verbindungen nach Anatolien und Syrien; Züge nach Europa fahren vom Bahnhof Sirkeci *(siehe S. 58)* ab. Zurzeit wird ein Tunnel unter dem Bosporus gebaut, der die beiden Bahnhöfe und Kontinente verbinden wird. ✆ *Haydarpaşa İstasyon Cad • Karte C6 • (0216) 336 04 75 • Fähre: Haydarpaşa oder Kadıköy*

Pioniere der Krankenpflege

Florence Nightingale ist für ihre Pionierarbeit in der Krankenpflege berühmt. Die Verdienste der 1805 in Jamaika geborenen Mary Seacole sind dagegen in Vergessenheit geraten. Seacole pflegte schon als Kind Familienmitglieder. Zu Beginn des Krimkriegs bot sie England ihre Dienste an. Als man ihr mitteilte, dass keine Krankenschwestern gesucht würden, begab sie sich direkt auf das Schlachtfeld und versorgte verletzte Frontsoldaten. Nach dem Krieg wurde sie von der englischen Gesellschaft gefeiert. Sie veröffentlichte ihre Memoiren. Trotzdem wurde ihre Leistung nie angemessen gewürdigt.

Bahnhof Haydarpaşa

Auf dem Alten Basar in Kadıköy

9 Kadıköy

Kadıköy war bereits in der Jungsteinzeit besiedelt. Im Jahr 676 v. Chr., neun Jahre vor der Gründung Byzantions *(siehe S. 56)*, entstand hier die griechische Kolonie Chalcedon. Da die Siedlung weniger wehrhaft war als Byzantion, erstarkte sie nicht. Heute ist Kadıköy ein beliebtes Einkaufsviertel. Es wurde vor Kurzem saniert, die behagliche Atmosphäre ist dabei erhalten geblieben. In dem belebten Marktviertel am Hafen werden frisches Obst und Gemüse feilgeboten. Das Şükrü-Saraçoğlu-Stadion des erfolgreichen türkischen Fußballvereins Fenerbahçe liegt in der Nähe. An Spieltagen ist mit Verkehrsstaus zu rechnen. Eine historische Trambahn durchquert das Viertel bis in den eleganten Stadtteil Moda *(siehe S. 98)*. Dort kann man wunderbar am Meer spazieren gehen.

Ⓝ *Karte C6*

10 Spielzeugmuseum (İstanbul Oyuncak Müzesi)

Zu den Hauptattraktionen der Ausstellung von Spielzeug und Miniaturen aus aller Welt gehören eine Spielzeugmacherwerkstatt, eine französische Miniaturgeige aus dem Jahr 1817 sowie eine in den 1820er Jahren in den USA gefertigte Puppe.

Ⓝ *Ömerpaşa Cad, Dr Zeki Zeren Sok 17, Göztepe • Karte U5 • (0216) 359 45 50/51 • Di–So 9.30–18 Uhr • Eintritt • www. istanbuloyuncakmuzesi.com*

Ein Tag in Asien

Vormittag

🕐 Fahren Sie frühzeitig mit der Fähre von Eminönü nach **Üsküdar**. Im Café im **Leanderturm** können Sie ein zweites Frühstück einnehmen. Zurück auf dem Festland geht es zu den Moscheen in Üsküdar und danach in südlicher Richtung zum **Bahnhof Haydarpaşa** und zur **Selimiye-Kaserne**. Einen Besuch der Kaserne müssen Sie vorab per Fax angemeldet haben. Auf dem Gelände sind das Militärkrankenhaus aus der Zeit des Krimkriegs und das **Florence-Nightingale-Museum** zu besichtigen. Danach können Sie über den für im Krimkrieg gefallene britische Soldaten angelegten **Haydarpaşa-Friedhof** *(siehe S. 98)* und den Millionen Gräber bergenden **Karaca-Ahmed-Friedhof** spazieren.

Nachmittag

In **Kadıköy** erwartet Sie eine lebendige Atmosphäre. In dem Viertel befinden sich zahlreiche Läden und Märkte. Die lebendigen Bars und Cafés in der **Kadife Sokak** (»Bar-Straße«) *(siehe S. 99)* laden zu einer Mittagspause ein. In vielen der Lokale wird Live-Musik gespielt. Mit der Tram gelangen Sie nach **Moda** *(siehe S. 98)*. An der Uferpromenade kann man einen schönen Spaziergang unternehmen. In der **Bağdat Caddesi** *(siehe S. 98)* befinden sich Designerläden. Im **Zanzibar** *(siehe S. 99)* am Kai von Caddebostan können Sie zu einem frühen Abendessen einkehren. Nehmen Sie ein Taxi zum Fährhafen von Kadıköy. Die Abendfähre bringt Sie zurück zur europäischen Seite.

Links **Blick auf Istanbul von Büyük Çamlıca aus** Rechts **Uferpromenade von Moda**

Dies & Das

1 İskele Meydanı

Der Hauptplatz von Üsküdar heißt offiziell Demokrasi Meydanı. Den Platz säumen die Yeni-Valide- und die İskele-Moschee sowie ein von Ahmed III. 1782 errichteter barocker Brunnen. *Karte X2 • Fähre: Üsküdar*

2 Mimar-Sinan-Basar (Mimar Sinan Çarşısı)

Das von 1574 bis 1583 von Sinan erbaute Badehaus *(siehe S. 21)* wurde 1966 in einen Basar umgewandelt. *Hakimiyet-i Milliye Cad, Üsküdar • Karte X2 • Fähre: Üsküdar*

3 Rumi-Mehmed-Paşa-Moschee (Rumi Mehmet Paşa Camii)

Die für den Großwesir Rumi Mehmed Paşa 1471 gebaute Moschee ist eine der ältesten Istanbuls. *Rumi Mehmet Paşa Mah, Eşref Sok, Üsküdar • Karte W2 • Fähre: Üsküdar*

4 Çinili Cami

Der Innenraum der 1640 errichteten Moschee ist mit wunderschönen İznik-Kacheln besonders prächtig dekoriert. *Çinili Hamam Sok 1, Üsküdar • Karte Y3 • Fähre: Üsküdar, dann 20 Min. Fußweg • nur zu Gebetszeiten*

5 Haydarpaşa-Friedhof

Die meisten der hier begrabenen 6000 Soldaten starben nicht im Gefecht des Krimkriegs, sondern an Cholera. Das Kriegsdenkmal wurde 1857 errichtet. *Nahe Burhan Felek Cad • Karte X6 • Fähre: Harem, dann 15 Min. Fußweg*

6 Büyük Çamlıca

Von dem Park auf Istanbuls höchstem Punkt bieten sich spektakuläre Ausblicke auf die Stadt. *Karte V5 • zu Fuß oder per Dolmuş oder Taxi ab Üsküdar*

7 Heiligkreuzkirche (Surp Haç Kilisesi)

Die 1697 erbaute Heiligkreuzkirche ist eines von mehreren armenischen Gotteshäusern in Üsküdar. In Istanbul leben heute etwa 60000 Armenier. In osmanischer Zeit war die Bevölkerungsgruppe viermal so groß. *Selamsız Kozan-oğlu Sok 3, Üsküdar • (0216) 333 02 50*

8 Moda

Moda ist eines der schicksten Viertel auf der asiatischen Seite. Einheimische besuchen sonntagnachmittags die Cafés, Restaurants, Boutiquen und Eisdielen. *Karte C6 • Fähre: Kadıköy, dann Tram*

9 Bağdat Caddesi

Die Läden in der Straße bieten Designermode von Louis Vuitton, French Connection und Tommy Hilfiger. Es gibt auch Filialen türkischer Ketten wie Koton. *Karte U6 • Fähre: Kadıköy, dann Taxi*

10 Kuzguncuk

In Istanbuls altem jüdischen Viertel stehen viele Holzhäuser. Die Decke der Beth-Yaakov-Synagoge, von mehreren Synagogen in der Hauptstraße İcadiye Caddesi, schmückt wunderbare Malerei. *Karte C5*

In Istanbul unterwegs siehe S. 104

Preiskategorien

Preis für eine Mahlzeit mit *meze* und Hauptgericht ohne alkoholische Getränke, inklusive Steuern und Service.	
$	unter 14 YTL
$$	14–20 YTL
$$$	20–27 YTL
$$$$	27–42 YTL
$$$$$	über 42 YTL

Çiya

TOP10 Bars, Cafés & Restaurants

1 Kanaat, Üskudar
Das traditionelle *lokanta* ist heute noch genauso beliebt wie bei der Eröffnung 1933. Die hervorragenden türkischen Gerichte sind preiswert. Die Puddings sind höchst verlockend.◐ *Selmanipak Cad 25 • Karte X2 • (0216) 553 37 91 • $$*

2 Çiya, Kadıköy
Das legere Restaurant serviert fantastische Kebabs, Salate und *meze*. Es gibt Tische am Straßenrand und auf der Dachterrasse. ◐ *Caferağa Mah, Guneşlibahçe Sok 32 • Karte U5 • (0216) 418 51 15 • $*

3 Otantik, Kadıköy
Das Otantik bietet deftige anatolische Gerichte wie *gözleme* (gefüllte Fladenbrote), Hähnchen, geschmortes Lamm und gefüllte Kohlblätter. ◐ *Muvakkithane Cad 62–64 • Karte U5 • (0216) 330 71 44 • $$*

4 Kadife Sokak, Kadıköy
Die zahllosen Bars, Cafés, Restaurants und Clubs der auch Barlar Sokak (»Bar-Straße«) genannten Kadife Sokak ziehen ein junges Publikum an. Im *Karga* werden Jazz und Electronica gespielt, im Garten des Isis erlesene Weine ausgeschenkt. Das Arka Oda besitzt eine entspannte Atmosphäre. ◐ *Karte U5*

5 Buddha Rock Bar, Kadıköy
Die bei Studenten beliebte Bar bietet preiswerte Getränke, eine lebendige Atmosphäre, Liverock und -blues sowie DJs. ◐ *Caferağa Mah, Kadife Sok 14 • Karte U5*

6 Sayla Mantı, Kadıköy
Das schlichte Restaurant serviert exzellente türkische Ravioli. ◐ *Bahariye Cad, Nailbey Sok 32 • Karte U5 • (0216) 449 08 42 • $*

7 Denizatı, Kadıköy
Von dem am Ufer gelegenen alten Bar-Restaurant kann man Boote vorbeiziehen sehen. Das ganztags geöffnete Denizatı serviert Sandwichs, Salate, Bier, Kaffee sowie vollständige Mahlzeiten. ◐ *İskele Cad, Eski Kadıköy İskelesi • Karte U5 • (0216) 414 76 43 • $$$*

8 Tarihi Moda İskelesi, Moda
Das Café in einem kleinen Haus am alten Hafen bietet gute Küche. Das Frühstück ist exzellent. ◐ *Ende des Piers, nahe Moda İskele Cad • Karte U6*

9 Hatay Meyhane, Bostancı
Die Wände des stimmungsvollen Lokals bedecken verblasste Fotografien. Das Angebot umfasst 40 Arten *meze* aus der Region um Antakya nahe der Grenze zu Syrien. Am Wochenende ist Reservierung erforderlich. ◐ *Bağdat Cad 526*

10 Zanzibar, Caddebostan
Das am Ufer gelegene trendige Restaurant ist von Waldorfsalat bis Pizza auf westliche Gerichte eingestellt. Die Desserts sind köstlich. Das Gebäude stammt aus dem 19. Jahrhundert. Man speist bei fabelhafter Aussicht. ◐ *Cemil Topuzlu Cad 102/A • (0216) 385 60 59 • $$$*

Restaurant-Tipps **siehe S. 110**

REISE-INFOS

TOP 10 ISTANBUL

Links **Zollschild** Mitte **Besucher vor einer Moschee** Rechts **September in Istanbul**

Reisevorbereitung

1 Türkische Tourismusbüros

Die Website des türkischen Tourismusbüros www.tourismturkey.org bietet viele hilfreiche Informationen *(siehe S. 105)*.

2 Konsulate

Die Botschaft und die Generalkonsulate der Türkei in Berlin, Frankfurt, Wien und Zürich besitzen Informationsabteilungen. Besuchern bieten auch die Konsulate ihrer Heimatländer Hilfe *(siehe Kasten)*.

3 Einreise

Deutsche und Schweizer Staatsbürger können sich bis zu 90 Tage ohne Visum in der Türkei aufhalten. Ist der Aufenthalt für länger als drei Monate geplant, ist vor Reiseantritt bei einem türkischen Generalkonsulat ein Visum einzuholen. Für die Einreise genügen Pass oder Personalausweis bzw. für Schweizer Bürger die Identitätskarte. Österreichische Besucher benötigen einen Reisepass und ein Visum, das für 60 Euro bei der türkischen Vertretung in Wien oder bei der Einreise in die Türkei für 15 Euro erhältlich ist. Österreichische Gäste müssen ihre Wiederausreise durch ein Rückflug- oder Weiterreiseticket nachweisen können. Detailliertere Informationen bieten türkische Vertretungen sowie die folgenden Internet-Seiten: www.auswaertiges-amt.de, www.bmeia.gv.at, www.eda.admin.ch.

4 Zoll

Reisende über 18 Jahren dürfen 400 Zigaretten, 10 Zigarren, 200 Gramm Tabak, 150 Zigarillos, eine Flasche (100 cl) bzw. zwei Flaschen (75 cl) Alkohol, bis zu fünf Flaschen Parfum, je ein Kilogramm Schokolade und Süßigkeiten, 500 Gramm Tee und 1,5 Kilogramm (löslichen) Kaffee ausführen. In die Türkei dürfen Geschenke im Wert von 300 Euro, Schmuck im Gesamtwert von 15 000 US-Dollar eingeführt werden. Die Deviseneinfuhr ist unbegrenzt, die Ausfuhr auf maximal 5000 US-Dollar begrenzt. Ein- und Ausfuhr von Drogen werden hart bestraft. Für die Ausfuhr von Antiquitäten ist ein von Museen und dem türkischen Kultusministerium ausgestelltes Zertifikat nötig.

5 Versicherung

Für medizinische Behandlungen in der Türkei ist der Vordruck T/A 11 (Urlaubskrankenschein) erforderlich. Der Abschluss einer Reisekrankenversicherung inklusive Krankenrücktransport ist ratsam.

6 Impfungen

Für die Türkei sind keine Impfungen nötig.

7 Klima

Der Sommer ist lang und trocken. Im August sind mittags 31 bis 33 °C, nachts 23 °C normal. Im Winter ist es bei einzelnen Schneefällen am Tag acht, nachts 2 °C warm (Januar).

8 Beste Reisezeit

Im Mai, Juni und September gibt es wenige Besucher. Das Wetter ist angenehm warm. Im November und Februar sind die Preise niedrig.

9 Reisegepäck

Im Sommer sollte leichte Kleidung, Sonnenschutz, Pullover für abends, im Winter Mantel und Regenschirm ratsam. Für Moschee-Besuche benötigen Sie Knie und Schultern, Frauen auch das Haar bedeckende Kleidung. Insektenschutzmittel sind sinnvoll.

10 Hotelwahl

Sultanahmet bietet Restaurants und Hotels nahe den Sehenswürdigkeiten. In Beyoğlu locken Clubs. In den Dörfern am Bosporus finden Gäste Ruhe.

Konsulate

Deutschland
İnönü Cad 16–18.
Postanschrift: PK 355,
34431 Istanbul, Beyoğlu
(0212) 334 61 00
www.istanbul.diplo.de

Österreich
Köybaşı Cad 46, 34464
Istanbul, Yeniköy
(0212) 363 84 10
www.aussenministerium.
at/botschaft/istanbul.html

Schweiz
1. Levent Plaza, A Blok
Kat 3, Büyükdere Cad
173, 34330 Istanbul,
Levent
(0212) 283 12 82
www.eda.admin.ch/
istanbul

Links **Bahnhof Sirkeci** Mitte **Intercitybus aus Esenler** Rechts **Fähren in Karaköy**

TOP10 Anreise

1 Internationale Flüge

Die größte nationale Fluggesellschaft der Türkei Turkish Airlines (THY) verbindet Istanbul mit allen europäischen Großstädten. Auch Lufthansa, Austrian Airlines und Swiss fliegen Istanbul an. Die Flugzeit von deutschen Flughäfen aus beträgt etwa drei Stunden.
🕿 *Turkish Airlines: (0212) 444 08 49, www.thy.com*
🕿 *Lufthansa: (0212) 354 88 88, www.lufthansa.com*
🕿 *Austrian Airlines: (0212) 293 69 95, www.aua.com*
🕿 *Swiss: (0121) 354 99 19*

2 Inlandsflüge

Neben Turkish Airlines bieten die Gesellschaften Onur Air, Atlas Jet und Fly Air Inlandsflüge an.

3 Flughäfen

Istanbul besitzt zwei internationale Verkehrsflughäfen. Der Atatürk-Flughafen liegt 24 Kilometer südwestlich des Zentrums in Yeşilköy. Die meisten großen Fluggesellschaften fliegen den Atatürk-Flughafen an. Der Flughafen Sabiha Gökçen auf der asiatischen Seite ist 50 Kilometer von Taksim entfernt. Er wird v.a. von Charterfluglinien bedient.

4 Flughafentransfer

Der Atatürk-Flughafen bietet gute Verkehrsverbindungen in das Zentrum. Fahrten mit Taxis nach Sultanahmet kosten etwa 25 YTL. Die Havaş-Busse fahren im 30-Minuten-Takt zum Taksim-Platz. Die Fahrt dauert 40 Minuten. Wichtige Haltestellen auf der Strecke sind der Fährhafen Bakırköy, Aksaray und Tepebaşı. Die Metro führt vom Atatürk-Flughafen nach Sultanahmet und über die Standseilbahn zum Taksim-Platz. Von Aksaray und dem Taksim-Platz sind weitere Ziele in der Stadt mit Tram und Taxi leicht zu erreichen. Vom Sabiha-Gökçen-Flughafen fahren Busse zu dem 14 Kilometer entfernten Fährhafen Bostancı. Taxis bilden die einzige Alternative. Allerdings sind die Fahrten sehr teuer.

5 Mit dem Zug

Die Hauptstrecke für Zugreisen führt von München über Salzburg, Wien und Budapest nach Istanbul. Die Fahrt dauert zweieinhalb Tage.

6 Bahnhöfe

Istanbul hat zwei Hauptbahnhöfe: Sirkeci auf der europäischen und Haydarpaşa auf der asiatischen Seite. Züge aus europäischen Städten fahren den Bahnhof Sirkeci an, Züge aus Anatolien und Asien enden im Bahnhof Haydarpaşa. Eine Fähre verbindet die beiden Seiten. 🕿 *Bahnhof Sirkeci: (0212) 520 65 75* 🕿 *Bahnhof Haydarpaşa: (0212) 336 04 75* 🕿 *www.tcdd.gov.tr*

7 Mit dem Bus

Die führenden türkischen Reisebusunternehmen Ulusoy und Varan bieten direkte Verbindungen nach Istanbul an. Ulusoy fährt ab Wien und München, Varan nur von österreichischen Städten aus. .
🕿 *www.ulusoy.com.tr*
🕿 *www.varan.com.tr*

8 Busbahnhöfe

Istanbuls größter Busbahnhof *(otogar)* befindet sich etwa zehn Kilometer nordwestlich des Stadtzentrums in Esenler. Der Busbahnhof Harem liegt hinter dem Bahnhof Haydarpaşa auf der asiatischen Seite.
🕿 *Esenler: (0212) 658 05 05*
🕿 *Harem: (0216) 333 37 63*

9 Fähren

Von Italien, Griechenland und Nordzypern bestehen Fährverbindungen in die Türkei. Die Fährgesellschaft UKR bietet regelmäßige Fahrten von Odessa über das Schwarze Meer nach Istanbul.
🕿 *www.ukrferry.com*

10 Pauschalreisen

Viele Veranstalter organisieren Pauschalreisen nach Istanbul. Das Angebot beinhaltet meist Aufenthalte in Luxushotels. Das Preis-Leistungs-Verhältnis ist oft sehr gut.

Flughäfen

Atatürk
• *(0212) 465 55 55*
• *www.ataturkairport.com*

Sabiha Gökçen
• *(0216) 585 50 00*
• *www.sgairport.com*

Hotels in & um Istanbul siehe S. 112–117

Links **Taxi** Mitte **AKBİL-Pässe** Rechts **Trambahn, Sultanahmet**

TOP 10 In Istanbul unterwegs

1 Taxis

Taxis in Istanbul sind gelb und haben ein Schild mit der Aufschrift *taksi* auf dem Dach. Man kann die Wagen an der Straße heranwinken oder einen Taxistand aufsuchen. Hotels und Restaurants ordern für Gäste gern telefonisch ein Taxi. Achten Sie v. a. um den Großen Basar darauf, dass der Fahrer das Taxameter korrekt einstellt (eine rote Lampe steht für den Tages-, zwei für den Abendtarif) oder einigen Sie sich vorab über den Preis *(siehe S. 111)*. Fahrten über den Bosporus kosten Brückenmaut.

2 Dolmuş

Die Sammeltaxis fahren feste Strecken. *Dolmuş* bedeutet »voll« – die Fahrer warten stets, bis der Wagen voll besetzt ist. An der Frontscheibe zeigt ein Schild Abfahrtsort und Ziel; die Haltestellen kennzeichnen Schilder mit blauem D auf weißem Grund. Fahrgäste können an beliebigen Punkten auf der Strecke ein- und aussteigen. Sammeltaxis fahren nicht in das Stadtzentrum.

3 Metro

Die U-Bahn fährt von 4. Levent nach Taksim. 2009 wurde die Strecke bis Şişhane und Atatürk Oto Sanayi erweitert. Ein Teilstück von Şişhane nach Yenikapı ist im Bau. Die Hafif Metro verbindet Aksaray mit dem Busbahnhof Esenler und dem Atatürk-Flughafen.

4 Tram

Die *tramvay* fährt von Kabataş über die Galata-Brücke durch die Altstadt, am Bosporus entlang zum Dolmabahçe-Palast bis nach Zeytinburnu. Sie ist über die Standseilbahn mit Taksim verbunden. Eine zweite Linie führt von Aksaray zum Busbahnhof Esenler und zum Atatürk-Flughafen. Trambahnen sind preiswert, modern und effizient. Sie verkehren täglich zwischen 6 und 24 Uhr. Die Wagen sind klimatisiert. Die *Nostaljik Tramvay* auf der İstiklal Caddesi *(siehe S. 82)* fährt von Tünel zum Taksim-Platz.

5 Standseilbahn

Die *Tünel*-Bahn zwischen Galata und Beyoğlu ist eine der ältesten der Welt *(siehe S. 82)*. Die unterirdische *Füniküler* verbindet Kabataş am Bosporus mit Taksim.

6 Tickets

Fahrkarten sind an Haltestellen und Bahnhöfen erhältlich. Bei längeren Aufenthalten empfiehlt sich das AKBİL-Ticket, das in Bussen, Trams, Metro und Fähren gilt. Bei Einlegen der Metallmarke in die orangefarbenen Automaten an den Haltestellen wird der Fahrpreis abgezogen. An Bahnhöfen und Kiosken kann man Guthaben aufladen. Die blaue Marke *(mavi)* kann als Tages-, Wochen-, 15-Tage- oder 31-Tage-Karte verwendet werden. ✆ *Verkehrsbetriebe Istanbul: www.iett.gov.tr*

7 Fähren

Der größte Fährhafen ist in Eminönü, weitere liegen in Karaköy und Kabataş. Die Route auf dem Marmarameer nach Bakırköy bietet Anschluss an den Shuttlebus zum Atatürk-Flughafen *(siehe S. 103)*. Es gibt regelmäßige Verbindungen von Eminönü nach Kadıköy und Üsküdar auf der asiatischen Seite. Fahrten auf dem Bosporus sind malerisch *(siehe S. 28f)*. ✆ *www.ido.com.tr*

8 Mit dem Auto

Autofahrer sollten das Stadtzentrum meiden und den Wagen außerhalb parken. Große Business-Hotels außerhalb des Zentrums besitzen Parkplätze. Für die Besichtigung von Sehenswürdigkeiten an der Stadtmauer, am Goldenen Horn und dem Bosporus organisieren Hotels einen Wagen mit Fahrer.

9 Zu Fuß

Die hübschen schmalen Gassen und Märkte der Stadt erkundet man am besten zu Fuß. Tragen Sie Schuhe, die sich bei einen Moschee-Besuch leicht an- und ausziehen lassen. Achten Sie auf den halsbrecherischen Verkehr.

10 Touren

In der Stadt werden viele Touren per Bus, Auto oder zu Fuß angeboten *(siehe S. 105)*. Auch Ausflüge nach Gallipoli und Troja, Edirne oder Bursa werden veranstaltet *(siehe S. 52f)*.

104
Weitere Informationen über Tram & Metro in Istanbul
www.istanbul-ulasim.com.tr

Links **Buchladen Galeri Kayseri** Mitte *The Guide* Rechts **Tourismusbüro, Sultanahmet**

TOP 10 Information

1 Tourismusbüros
In der ganzen Stadt gibt es mehrere Tourismusbüros und Informationsstände. Das Hauptbüro befindet sich am Sultanahmet-Platz.

2 Internet
Die Websites des türkischen Tourismusbüros www.tourismturkey.org *(siehe S. 102)* und des Tourismusbüros Istanbuls www.istanbul.com bieten hilfreiche Hinweise für Besucher. Die Internet-Seite des türkischen Ministeriums für Kultur und Tourismus enthält Informationen über Sehenswürdigkeiten (www.culture.gov.tr). Auf der Website des Außenministeriums sind Adressen der Konsulate nachzulesen und Visa-Formulare erhältlich (www.mfa.gov.tr; *siehe S. 102*).

3 Zeitschriften
Die zweimonatlich bzw. monatlich erscheinenden Zeitschriften *The Guide* und *Time Out* enthalten aktuelle Veranstaltungshinweise. *Istanbul Forever* erscheint alle zwei Monate. Das Magazin liegt in Hotels aus. *Cornucopia* berichtet über Kunst, Geschichte und Kultur in der Türkei.
⊗ *www.guide4turkey.com*
⊗ *www.cornucopia.net*

4 Zeitungen
Sabah und *Hürriyet* sind die auflagenstärksten Tageszeitungen in der Türkei. *Turkish Daily News* ist die einzige englischsprachige Zeitung in der Türkei. In großen Hotels und an Kiosken sind ausländische Zeitungen erhältlich.
⊗ *www.turkishdailynews. com*

5 Radio & Fernsehen
Die meisten Hotels verfügen über Satelliten-TV und zeigen deutsche Sender. CNN, BBC Prime und MTV sind weitere ausländische Kanäle. Radiosender bieten ein breites Programm westlicher und türkischer Musik. Voice FM sendet Nachrichten auf Englisch.

6 Buchläden
In der Stadt bieten mehrere Buchläden Literatur in englischer und anderen Sprachen. Die Buchhandlung Galeri Kayseri ist zentral gelegen. Auf dem Bücherbasar in Beyazıt sind antiquarische und gebrauchte Bücher erhältlich *(siehe S. 70)*.
⊗ *www.galerikayseri.com*

7 Karten
In den Tourismusbüros und Hotels liegen kostenlose Stadtpläne aus.

8 Private Führer
Die meisten Reise- und Tourveranstalter der Türkei vermitteln gern private deutschsprachige Führer. Die Führer sollten vom türkischen Ministerium für Kultur und Tourismus akkreditiert sein.

9 Führungen
Veranstalter organisieren Ganz- und Halbtagesausflüge per Bus, Boot oder zu Fuß. Plan Tours bieten Stadtrundfahrten in Doppeldeckerbussen an. Auch Stadtführungen bei Nacht und Ausflüge zu Kulturveranstaltungen werden angeboten.

10 Orientierung
Die Orientierung in Istanbul fällt nicht immer leicht. Holen Sie vor einer Besichtigungstour eine genaue Wegbeschreibung ein und führen Sie einen Stadtplan mit sich. Einheimische helfen gern bei der Wegfindung. Um Verständigungsschwierigkeiten zu umgehen, ist es hilfreich, den Zielpunkt auf einem Zettel zu notieren und vorzuzeigen. Gliedern Sie Ihre Anfrage nach Stadtteil, Sehenswürdigkeit und Adresse.

Tourismusbüros

Sultanahmet
At Meydanı • (0212) 518 18 02

Beyazıt
Beyazıt Meydanı • (0212) 522 40 02

Führungen

Plan Tours, Elmadağ
Cumhuriyet Caddesi 131/1 • (0212) 234 77 77 • www.plantours. com

Viking Turizm, Taksim
Mete Caddesi 24 • (0212) 334 26 26 • www.vikingturizm. com.tr

Links **Telefonzellen** Mitte **PTT-Logo** Rechts **Blaue Moschee mit Festbeleuchtung im Ramadan**

Praktische Hinweise

1 Zeit
Die Türkei liegt eine Stunde vor der mitteleuropäischen Zeit. Von Ende März bis Ende Oktober gilt wie in Deutschland, Österreich und der Schweiz die Sommerzeit.

2 Strom
Die Netzspannung beträgt 230 Volt bei 50 Hertz. Flache Zwei-Pin-Stecker passen überall problemlos.

3 Öffnungszeiten
Banken sind montags bis freitags von 8.30 bis 12 Uhr sowie 13.30 bis 17 Uhr geöffnet; große Filialen haben auch samstags vormittags offen. Alle betreiben Bankautomaten. Postämter öffnen montags bis samstags von 9 bis 17 Uhr. Läden sind in der Regel täglich außer sonntags von 10 bis 18 Uhr geöffnet, Shopping-Center auch länger. Museen sind meist von 9 bis 17 Uhr offen, Montag und Dienstag jedoch geschlossen. Viele Museen und Sehenswürdigkeiten in Istanbul haben im Sommer längere Öffnungszeiten.

4 Feiertage
Neben den fünf Staatsfeiertagen *(siehe Kasten)* werden in Istanbul islamische Feiertage begangen. Das Zuckerfest *Şeker Bayramı* folgt auf den heiligen Fastenmonat Ramadan. Das Opferfest *Kurban Bayramı (siehe S. 46f)* findet zwei Monate später statt. Während des Ramazan wird tagsüber nicht getrunken, gegessen oder geraucht. Das öffentliche Leben verläuft ruhiger. Ramadan, *Şeker Bayramı* und *Kurban Bayramı* sind bewegliche Feiertage. Die Termine der muslimischen Feiertage ändern sich mit den Mondphasen von Jahr zu Jahr. Weihnachten und der Tag der Arbeit (1. Mai) sind keine offiziellen Feiertage, werden aber von vielen Türken begangen.

5 Post
Briefmarken sind auf Postämtern und an PTT-Kiosken erhältlich. Da Pakete auf dem Postweg lange unterwegs sind, empfiehlt sich der Versand mit Kurierdiensten. Alle großen Firmen sind in Istanbul vertreten.

6 Internet
Die meisten Hotels bieten kostenlosen Internet-Zugang, viele auch WLAN.

7 Telefon
Für die Benutzung von öffentlichen Telefonen benötigt man eine Telefonkarte, die in Postämtern und – gegen Aufpreis – bei Straßenverkäufern und an Kiosken erhältlich ist. Über die CallingCard-Funktion der Telefonkarte Comfort der Deutschen Telekom können Gespräche zwischen der Türkei und Deutschland für 0,50 Euro, innerhalb der Türkei für 0,75 Euro geführt werden. Das Telefonieren mit Kreditkarte ist häufig der Benutzung der überteuerten Hoteltelefone vorzuziehen.

8 Handy
Die größten Mobilfunkgesellschaften in der Türkei sind Türkcell und Telsim. Sie haben GSM-Roaming-Abkommen mit 180 Ländern auf drei MHz-Bändern. Erkundigen Sie sich vor der Reise bei Ihrem Mobilfunkanbieter nach Roaming-Gebühren. Der Erwerb einer türkischen Prepaid-SIM-Card ist unter Umständen preiswerter.

9 Vorwahlnummern
Die internationale Vorwahl für die Türkei ist 0090. Istanbul hat zwei Städtevorwahlen: 0212 für die europäische, 0216 für die asiatische Seite. Der Dienst Deutschland Direkt für R-Gespräche in das deutsche Festnetz hat die Nummer 0811 288 00 49.

10 Fotografieren
Fotografieren ist in Sehenswürdigkeiten und Museen erlaubt, meist ohne Blitzlicht oder Stativ und zuweilen gegen Gebühr.

Feiertage

1. Januar
Neujahr

23. April
Tag der Nationalen Souveränität & des Kindes

19. Mai
Tag der Jugend & des Sports

30. August
Siegesfeier

29. Oktober
Tag der Republik

Links **100-YTL-Schein** Mitte **Geldautomaten** Rechts **Im Restaurant wird Trinkgeld erwartet**

TOP 10 Geld

1 Währung
Banknoten der Neuen Türkischen Lira (Yeni Türk Lirasi, YTL; offizielle Abkürzung TRY) gibt es in den Nennwerten 1, 5, 10, 20, 50 und 100 YTL. Eine Türkische Lira unterteilt sich in 100 Kuruş. Münzen sind in den Werten 1, 5, 10 und 20 Kuruş sowie 1 YTL im Umlauf.

2 Wechselgeld
Halten Sie stets Münzen und kleine Scheine bereit: Die meisten Händler verfügen über wenig Wechselgeld. Bei einigen Händlern und Taxifahrern ist beim Aushändigen großer Nennwerte Vorsicht geboten *(siehe S. 111)*.

3 Fremdwährungen
In vielen Souvenirläden kann man mit Dollar oder Euro bezahlen. Das Wechselgeld wird aber stets in der türkischen Währung ausgegeben.

Kreditkartenverlust

Allgemeiner Notruf
*0049 116 116
0049 30 4050 4050
www.116116.eu*

American Express
0049 69 9797 2000

Diners Club
0049 180 5 07 07 04

MasterCard
00 800 13 887 0903

Visa
00 800 13 535-0900

Maestro- / EC-Karte
0049 1805 021 021

4 Geldautomaten
An den Geldautomaten vieler Banken kann man mit Kreditkarten sowie Maestro- / EC-Karten und PIN (Persönliche Identifikationsnummer) rund um die Uhr Geld abheben. Viele Automaten haben Bedienungsanleitungen in mehreren Sprachen.

5 Wechselstuben
Wechselstuben *(döviz)* bieten meist bessere Kurse als Banken, haben längere Öffnungszeiten und sind oft auch samstags geöffnet. Generell ist der Umtausch in der Türkei dem Geldwechsel im Heimatland vorzuziehen.

6 Kreditkarten
In Istanbul werden die gängigen Kreditkarten wie Amercian Express, MasterCard, Visa und Diners Club weithin akzeptiert. Kleine Läden und Restaurants, die nicht auf Kartenzahlungen eingerichtet sind, versuchen das Problem oft über besser ausgestattete Nachbarn zu lösen. Lassen Sie Ihre Kreditkarte bei Verlust sofort sperren *(siehe Kasten)*.

7 Reiseschecks
Mit der zunehmenden Verbreitung von Kreditkarte haben Reiseschecks an Bedeutung verloren. Sie sind in Istanbul nur selten einzulösen.

8 Feilschen
Die Türkei ist ein preisgünstiges Urlaubsziel. Feilschen gehört jedoch ganz selbstverständlich zum Alltag. Auf dem großen Basar und in den Läden der Altstadt ist Feilschen Pflicht. Sehen Sie sich in den Läden in Ruhe um. Bieten Sie den halben Preis und verhandeln Sie höflich, aber bestimmt *(siehe S. 45)*. In Taxis kann man vor Fahrtantritt ebenfalls Preise aushandeln *(siehe S. 104)*. In gehobenen Läden ist Feilschen unangemessen.

9 Mehrwertsteuer
Die Mehrwertsteuer (KDV) für alle Waren außer Lebensmitteln beträgt in der Türkei 18 Prozent. Sie ist in den Preisen enthalten. Wenn Sie in Läden mit »Tax Free«-Logo an einem Tag mehr als 118 YTL ausgeben, können Sie sich bei der Ausreise einen Teil der Mehrwertsteuer rückerstatten lassen. Sie legen beim Kauf Ihren Ausweis vor und erhalten einen Global-Refund-Scheck *(özel fatura)*, den Sie beim Zoll vorlegen können.

10 Trinkgeld
In manchen Restaurants wird eine Servicegebühr *(servis dahil)* erhoben. Ansonsten ist in Restaurants ein Trinkgeld von zehn Prozent des Rechnungsbetrags üblich. In Hotels sind 1 oder 2 YTL für Portiers sowie etwa 5 YTL pro Tag für Zimmermädchen angemessen. Bademeister in Hamams erwarten bis zu 25 Prozent Trinkgeld. Taxifahrer erhalten kein Trinkgeld.

Links **Trinkwasser** Mitte **Apothekenschild** Rechts **Polizeiwagen**

Sicherheit & Gesundheit

1 Wasser & Lebensmittel

Um gesundheitliche Probleme zu vermeiden, ist in Flaschen abgefülltes Wasser Leitungswasser vorzuziehen. Der Hygienestandard in den meisten Cafés und Restaurants ist gut.

2 Magenverstimmung

Die reichliche Verwendung von Öl in der türkischen Küche kann Beschwerden hervorrufen. Essen Sie leichte Speisen und trinken Sie wenig Alkohol. Achten Sie an Imbissständen auf Frische der Waren und erwerben Sie dort keine Salate, Meeresfrüchte, nicht durchgebratenes Fleisch oder Eiscreme. Bei einer Magenverstimmung sollte man 24 Stunden fasten, schwarzen Tee oder Wasser trinken und dann Joghurt und trockenes Brot zu sich nehmen. Bei anhaltenden Beschwerden ist ein Arzt aufzusuchen.

3 Apotheken

Bei kleinen medizinischen Problemen bieten Apotheken *(eczane)* Hilfe. In den Fenstern sind Pläne *(nöbetçi)* der Apotheken mit Not- und Nachtdienst ausgehängt.

4 Ärzte & Krankenhäuser

Bei Bedarf rufen Hotels einen Arzt. Die freien öffentlichen Kliniken *(poliklinik)* behandeln kleine Beschwerden. In Istanbul gibt es staatliche und private Krankenhäuser. Priva-

te Kliniken besitzen meist einen höheren Standard. Der Abschluss einer Reisekrankenversicherung ist dringend anzuraten *(siehe S. 102).*

5 Ausweis

In Istanbul besteht Ausweispflicht. Nach Möglichkeit sind die Originaldokumente mitzuführen, man muss aber zumindest eine Kopie der Lichtbildseite stets bei sich tragen.

6 Kriminalität

Die Kriminalitätsrate in Istanbul ist gering. Treffen Sie dennoch die üblichen Vorsichtsmaßnahmen *(siehe S. 111).*

7 Anschläge

Die Türkei war wiederholt Anschlägen v. a. der PKK ausgesetzt. Die Ziele lagen meist in kleinen Städten und Ferienorten, aber auch das britische Konsulat und die HSBC-Bank im Zentrum Istanbuls wurden bombardiert.

8 Notfälle

In den Notrufzentralen wird nur Türkisch gesprochen. Bitten Sie einen Einheimischen dort anzurufen oder verständigen Sie die Touristenpolizei.

9 Polizei

Die Touristenpolizei, ein Zweig der türkischen Sicherheitspolizei, beschäftigt Beamte, die sich in ein oder zwei europäischen Sprachen verständigen können. Die Zentrale befindet sich in Sultanahmet.

Yerebatan Cad 6, Sultanahmet • *(0212) 528 53 69* • *24 Std. (Dolmetscher: Mo – Fr 8.30 – 17 Uhr)* • *www.iem.gov.tr*

10 Konsulate

Konsulate der Heimatländer helfen Besuchern im Fall des Verlusts von Reisedokumenten, bei der Rückführung und der Beschaffung eines Rechtsbeistands *(siehe S. 102).*

Notrufnummern

Allgemeiner Notruf
155

Krankenwagen
112

Feuerwehr
110

Polizei
115

Krankenhäuser

American Hastanesi
Güzelbahçe Sokak 20, Nişantaşı • Karte C4 • *(0212) 443 37 77*

Florence Nightingale Hastanesi
Abide-i Hürriyet Caddesi 164, Çağlayan, Şişli • Karte T4 • (0212) 224 49 50

International Hospital
İstanbul Caddesi 82, Yeşilköy • (0212) 468 444

Acıbadem Hastanesi
Altunizade Mahallesi Fahrettin Kerim Gökay Cad 49 (asiatische Seite) • (0216) 544 38 92

Weitere Tipps für einen sicheren Aufenthalt in Istanbul **siehe S. 111**

Links **Istanbuler Frauen steht es frei, Kopftuch zu tragen** Rechts **Rauchverbotsschild**

10 Spezielle Bedürfnisse

1 Mit Kindern reisen

Kinder sind beinahe überall willkommen. Kindern mit blonden Haaren wird allerdings oft ein Übermaß an Aufmerksamkeit zuteil. Große Hotels organisieren Aktivitäten für Kinder und bieten auf Anfrage Babysitter.

2 Kleinkinder

Am besten bringen Sie die Grundausstattung von zu Hause mit: In Istanbul sind z. B. Windeln und Babynahrung meist nur in großen, zentrumsfernen Supermärkten erhältlich.

3 Allein reisende Frauen

Viele Istanbuler Frauen sind leger gekleidet, andere tragen Kopftuch. Die wenigen *Burka* tragenden Frauen sind meist Besucherinnen aus arabischen Ländern. Urlauberinnen aus westlichen Ländern sehen sich häufig Annäherungsversuchen türkischer Männer ausgesetzt. Mit einer höflichen, aber bestimmten Absage lässt sich dem Einhalt gebieten. Es ist hilfreich, Kleidung zu tragen, die Knie und Schultern bedeckt, und abends einsame Gegenden zu meiden.

4 Homosexuelle Reisende

Homosexualität ist in der Türkei nicht illegal, wird aber vom Islam abgelehnt. In Istanbul gibt es eine florierende homosexuelle Szene, der Einheimische jedoch äußerst skeptisch gegenüberstehen. Einige Einwohner Istanbuls sind deutlich homphob. Es empfiehlt sich, Homosexualität nicht allzu offen zu zeigen. Bei der Auswahl der Clubs ist Vorsicht geboten: Einige Lokale sind sehr zwielichtig. In Beyoğlu befinden sich viele gute Lokale.

5 Behinderte Reisende

Behinderte Reisende begegnen in Istanbul Problemen: Nur wenige Museen und Moscheen bieten für Rollstuhlfahrer geeigneten Zugang. Auch die Fortbewegung ist schwierig: Die Stadt erstreckt sich über sieben zum Teil sehr steile Hügel; die mit Kopfstein gepflasterten Straßen und Wege bergen Hindernisse. Das türkische Tourismusbüro veröffentlicht einen hilfreichen Führer mit Einrichtungen für behinderte Reisende. Der Türkische Behindertenverband Türkiye Sakatlar Derneği arrangiert Touren für kleine Gruppen.

🖄 *Türkiye Sakatlar Derneği*
• *(0212) 521 49 12*
• *www.tsd.org.tr*

6 Senioren

In der Türkei wird älteren Menschen äußerst zuvorkommend begegnet. In manchen Sehenswürdigkeiten und Museen erhalten Senioren Ermäßigung.

7 Studenten

Istanbul besitzt drei bei Hostelling International registrierte Jugendherbergen. Viele Museen und Sehenswürdigkeiten bieten bei Vorlage der International Student Identity Card (ISIC) 50 Prozent Ermäßigung. Auch bei Bahnfahrkarten gibt es Preisnachlässe. 🖄 *www.hihostels.com* 🖄 *www.isic.org*

8 Religion

99 Prozent der türkischen Bevölkerung sind Anhänger des Islam. Der Glaube wird jedoch in unterschiedlicher Ausprägung und Intensität praktiziert. Nur einige Muslime sind fundamentalistisch. Die Mehrheit glaubt an den säkularen Staat und ist anderen Religionen gegenüber sehr tolerant eingestellt.

9 Rauchen

In der Türkei ist Rauchen weitverbreitet, der starke türkische Tabak wird viel konsumiert. Seit Mai 2008 ist das Rauchen in fast allen öffentlichen Einrichtungen und Verkehrsmitteln sowie Taxis verboten. Seit Juli 2009 gilt auch in Cafés, Restaurants und Bars Rauchverbot.

10 Export

Objekte, die älter als 100 Jahre sind, fallen unter die strengen Ausfuhrbestimmungen für Antiquitäten. Bei der Ausreise ist ein Zertifikat vorzulegen, das Museen im Auftrag des Kultusministeriums ausstellen. Seriöse Händler übernehmen die Organisation für ihre Kunden. Die illegale Ausfuhr von Antiquitäten wird hart bestraft *(siehe S. 102)*.

Links **muhallebici** Mitte **Typische Speisen in einer** **lokanta** Rechts **Nargile**

TOP 10 Restaurant- & Hotel-Tipps

1 Restauranttypen
Lokantas sind einfache Restaurants. Sie reichen von Selbstbedienungslokalen bis zu Restaurants mit vollem Service und Brasserieflair. Sie sind meist preiswert. In *lokantas* wird nur selten Alkohol ausgeschenkt. Preisgünstige Cafés mit Selbstbedienung werden auch *bufé* genannt. Ein *restoran* ist gehobenen Standards. Fischlokale werden als *balık* bezeichnet.

2 Imbiss
Ein *kebapcı* serviert Kebab und *lahmacun* – ein Fladenbrot mit herzhaftem Belag. In einem *dönerci* sind *döner kebap* und andere Grillgerichte erhältlich. Eine türkische Pizzeria wird als *pideci* bezeichnet.

3 Meyhanes, Nargile & andere Cafés
In einem *meyhane* wird üblicherweise Live-Musik gespielt. In den *nargile* genannten Cafés werden süßer Tee getrunken und Wasserpfeife geraucht. Die schlichten Teestuben *çayhane* werden von Männern besucht. Gäste spielen dort häufig Backgammon. Cafés besitzen separate Bereiche für Frauen und Familien *(aile salonu)*. Auch in manchen Restaurants sind solche Räume vorhanden. Die Bars im Zentrum von Istanbul sind häufig wenig einladend. Einen späten Drink nimmt man deshalb am besten in einer Hotelbar ein.

4 Vegetarische Gerichte
Nur wenige Restaurants in Istanbul richten sich ausdrücklich an Vegetarier, auf den Speisekarten stehen selten vegetarische *(veciteryan)* Hauptgerichte. Allerdings bekommen Gäste auf Anfrage gern entsprechende *meze* als Hauptspeise serviert.

5 Muhallebicis & Pastanes
In *muhallebicis* werden Milchpuddings verkauft. *Pastanes* bieten Gebäck wie *baklava* zum Mitnehmen an.

6 Speisenauswahl
Die Speisekarten vieler Restaurants im Zentrum von Istanbul sind mehrsprachig. Lokale außerhalb der Urlauberzentren haben türkische Speisekarten. Kellner präsentieren aber gern eine Auswahl *meze*, aus der Sie durch Daraufzeigen auswählen können. Für die Wahl des Hauptgangs können Sie sich in die Küche begleiten lassen und dort ebenfalls auf die von Ihnen gewünschte Speise deuten.

7 Hotelauswahl
Der Standard der Hotels in Istanbul ist generell hoch. Die Vergabe von Sternen für ein Hotel gründet auf der Ausstattung, bezüglich Atmosphäre oder Service ist das Bewertungssystem wenig aussagekräftig. Bei Online-Buchung sind oft Ermäßigungen möglich.

8 Gästehäuser & Sebstversorger
In der Türkei unterscheiden sich Gästehäuser und kleine Hotels nicht deutlich voneinander. Gästehäuser in Familienbetrieb werden fast ausschließlich von Ausländern geführt. Von Familien geführte Frühstückspensionen im Stil britischer Bed & Breakfasts (B&B) oder französischer *chambres d'hôte* gibt es in Istanbul nicht. Die Zahl der Apartments für Selbstversorger nimmt langsam zu.

9 Nebensaison
Istanbul ist das ganze Jahr über ein beliebtes Reiseziel. In der Nebensaison von November bis März – Weihnachten ausgenommen – sind die Übernachtungspreise deutlich günstiger: Hotelzimmer kosten dann ein Drittel oder die Hälfte weniger. Auch in den Läden gelten günstigere Preise.

10 Hotels mit Charme
In Istanbul gibt es viele charmante Hotels in restaurierten historischen Gebäuden. Sie bieten in der Regel hevorragenden Service und mehrsprachiges Personal. Die Zimmer sind allerdings meist klein, die Badezimmer sind lediglich mit Duschen ausgestattet. Häufig besitzen die Häuser keinen Aufzug. In jüngster Zeit sind in der Stadt auch einige vornehme Boutique-Hotels entstanden.

Um sicherzugehen, dass Gerichte kein Fleisch enthalten, bitten Sie um Speisen, die etsiz *(fleischlos) sind.*

Links **Gefälschte Parfums** Mitte **Atatürk-Büste** Rechts **Vorbereitung für den Moschee-Besuch**

TOP 10 Vorsicht!

1 Drogen
Die Türkei ist ein wichtiger Umschlagplatz für Drogenschmuggler aus Afghanistan und dem Iran. Auf dem Straßenmarkt sind vielerlei Rauschmittel erhältlich. Drogenhandel und -besitz werden hart bestraft. Lassen Sie sich niemals überreden, für einen Fremden ein Paket mit in die Heimat zu nehmen.

2 Plagiate
In Istanbul besteht ein reger Handel mit gefälschten Produkten, seien es Teppiche, römische Münzen, Uhren oder Modeartikel. Wenden Sie sich für den Kauf wertvoller Produkte an seriöse Händler und erbitten Sie ein Zertifikat.

3 Taxis
Die meisten Taxis in Istanbul sind zuverlässig. In der Altstadt trifft man jedoch auf Fahrer, die überhöhte Tarife berechnen oder Gäste mit Tricks betrügen. Sie geben zum Beispiel vor, statt einer Banknote im Wert von 50 YTL nur 5 YTL erhalten zu haben. Sprechen Sie die Summe laut aus, bevor Sie dem Taxifahrer den Geldschein überreichen. Es empfiehlt sich, stets kleine Nennwerte mit sich zu führen, da viele Taxifahrer kein Wechselgeld besitzen.

4 Prostituierte
Viele Clubs in der Türkei sind zwielichtig. Der Handel mit Frauen aus Osteuropa floriert. Für Gäste enden Abende in Gesellschaft der Frauen oft unangenehm: Die überteuerten Getränke in den Clubs führen zu horrenden Ausgaben. Nicht selten zieht ein Aufenthalt in den Lokalen sogar einen Krankenhausbesuch nach sich.

5 Heiratsanträge
Türkische Männer flirten gern. Genießen Sie Aufmerksamkeiten, aber nehmen Sie Abstand von schnellen Bindungen. Viele Männer suchen tatsächlich nur nach einer Möglichkeit der Einbürgerung in EU-Länder.

6 Erdbeben
Istanbul liegt auf einem Erdbebengürtel. Erschütterungen sind deshalb keine Seltenheit. Das letzte große Erdbeben forderte 1999 über 23 000 Todesopfer im Großraum Istanbul. Erdbeben dieser Stärke sind Ausnahmen. Beim Auftreten heftiger Erdstöße ist es wichtig, Ruhe zu bewahren und einen sicheren Unterschlupf zu suchen. Wenn möglich, sollte man Trinkwasser mit sich führen und Kontakt mit dem eigenen Konsulat aufnehmen (siehe S. 102).

7 Diebstahl
In den Straßen rund um den Großen Basar sind Taschendiebe unterwegs. Treffen Sie die üblichen Vorsichtsmaßnahmen: Tragen Sie Wertsachen verdeckt, achten Sie auf sicheren Sitz ihrer Handtasche und bewahren Sie Ihr Portemonnaie nicht in der Gesäßtasche auf.

8 Kritik am Staat
Der Nationalstolz der türkischen Bevölkerung ist ausgeprägt. Kritische Äußerungen über den türkischen Staat verstoßen gegen die Etikette. Respektlosigkeiten gegenüber Atatürk, der türkischen Regierung, der türkischen Flagge oder Sicherheitsorganen werden strafrechtlich verfolgt.

9 Islamische Etikette
Wie viele muslimische Gesellschaften ist auch die Türkei sehr konservativ geprägt. Besucher müssen sich nicht verhüllen, Respekt vor den kulturellen und religiösen Grundsätzen wird jedoch erwartet. Der Austausch von Zärtlichkeiten in der Öffentlichkeit ist nicht üblich. Witze über den Islam sind ein Affront (siehe S. 39).

10 Öffentliche Toiletten
Die Anzahl öffentlicher Toiletten hat sich in Istanbul in den letzten Jahren erhöht. Der Standard ist meist gut. Bestehende traditionelle sanitäre Einrichtungen sind für westliche Besucher wenig akzeptabel. Die Toiletten in Sehenswürdigkeiten, Cafés und Restaurants sind gepflegt. Führen Sie stets Papiertaschentücher mit sich.

Sicherheit & Gesundheit **siehe S. 108**

Links **Çırağan Palace Kempinski** Mitte **Four Seasons** Rechts **Conrad Istanbul**

TOP10 Luxushotels

1 Çırağan Palace Kempinski, Beşiktaş

Der osmanische Palast bietet eine Terrasse am Bosporus, ein Spa, ein Fitnesscenter und zwei der besten Restaurants der Stadt. Die 313 Zimmer liegen überwiegend in den modernen Anbauten. Am schönsten sind jedoch die elf Suiten im Palast. ✆ *Çırağan Cad 32 • Karte C4 • (0212) 326 46 46 • www. ciraganpalace.com • $$$$$*

2 Four Seasons Hotel, Sultanahmet

Das opulente Haus war einst osmanisches Gefängnis. Die 65 Zimmer sind mit Antiquitäten und *kilims* eingerichtet. Es gibt ein Fitnesscenter und ein exzellentes Restaurant. Die Aussicht auf das Marmarameer ist fantastisch. ✆ *Tevkifhane Sok 1 • Karte R5 • (0212) 638 82 00 • www.fourseasons.com • $$$$$*

3 Eresin Crown, Sultanahmet

Das Luxushotel befindet sich am Standort eines byzantinischen Palasts. Es besitzt ein eigenes Museum. Die 59 Zimmer und Suiten sind sämtlich mit Parkettboden und Jacuzzi ausgestattet. Es gibt zwei Restaurants, eine Bar und eine Terrasse mit Meerblick. ✆ *Küçük Ayasofya Cad 40 • Karte R4 • (0212) 638 44 28 • www.eresin crown.com.tr • $$$$$*

4 Ceylan Intercontinental, Taksim

Das Hochhaus auf einem Hügel bietet traumhafte Aussicht. Das Hotel besitzt 382 Zimmer und Suiten. Bar, Terrasse, ein Fitness- und ein rund um die Uhr geöffnetes Businesscenter sowie mehrere Restaurants zählen zu den Einrichtungen. Die Live-Musik im Garten oder in der Teelounge zieht wohlhabende Einheimische an. ✆ *Asker Ocağı Cad 1 • Karte B5 • (0212) 368 44 44 • www. interconti.com.tr • $$$$$*

5 Hyatt Regency, Taksim

Das Resorthotel besitzt 360 Zimmer und Suiten, ein Fitnesscenter, einen Pool, Tennisplätze sowie Business-Einrichtungen. Die Ausstattung ist elegant. Das Hyatt bietet herrliche Aussicht. ✆ *Taşkışla Cad • Karte B5 • (0212) 368 12 34 • www. istanbul.hyatt.com • $$$$$*

6 Conrad Istanbul, Beşiktaş

Alle 590 Zimmer des s-förmig gestalteten Hotels bieten großartige Aussicht. Die Ausstattung ist exlusiv. In den Bars und Restaurants werden italienische und türkische Speisen serviert. ✆ *Yıldız Cad • Karte C5 • 0212 227 30 00 • www.conradistanbul.com • $$$$$*

7 Marmara Pera Tepebaşı

Die Zimmer des eleganten Hotels im Zentrum von Beyoğlu besitzen wandhohe Fenster. Es gibt ein Café-Restaurant und einen Swimmingpool auf der Dachterrasse. ✆ *Meşrutiyet Caddesi • Karte J5 • (0212) 251 46 46 • www. themarmarahotels.com • $$$$$*

8 Bosphorus Palace, Beylerbeyi (asiatische Seite)

Die umgebaute Villa *(yalı)* eines Großwesirs aus dem 19. Jahrhundert besitzt 14 Zimmer, die prachtvoll mit Gold und Kristall dekoriert sind. Das hoteleigene Boot bringt Gäste in das Zentrum Istanbuls. ✆ *Yalıboyu Cad 64 • Karte U4 • (0216) 422 00 03 • www.bosphoruspalace. com • $$$$$*

9 Ritz-Carlton, Şişli

Das Hotel verfügt über 244 luxuriöse Zimmer und Suiten. Es gibt Spas für Frauen und ein Zigarren-Bar mit Whiskey-Ausschank für Männer. ✆ *Süzer Plaza, Elmadağ • Karte U4 • (0212) 334 44 44 • www.ritzcarlton.com • $$$$$*

10 Central Palace, Taksim

Das Boutique-Hotel verfügt über 49 große Zimmer mit Fitness-Bereich, Jacuzzi und Dampfbad. Es wird kein Alkohol ausgeschenkt, Gäste dürfen jedoch alkoholische Getränke mitbringen. ✆ *Lamartin Cad 18 • Karte B5 • (0212) 313 40 40 • www.the centralpalace.com • $$$$$*

Wenn nicht anders angegeben, akzeptieren die Hotels Kreditkarten und bieten Zimmer mit Bad, Klimaanlage sowie Internet-Zugang.

Preiskategorien

Preis für ein Standard-Doppelzimmer pro Person, mit Frühstück (falls inklusive), Steuern und Service.	
$	unter 70 YTL
$$	70–120 YTL
$$$	120–270 YTL
$$$$	270–450 YTL
$$$$$	über 450 YTL

Radisson SAS Bosporus, Ortaköy

TOP 10 Gehobene Hotels

1 Divan, Taksim

Das Hotel besteht seit mehr als 50 Jahren. Die Einrichtung ist ein wenig altmodisch, der Service hervorragend. Das Haus am Taksim-Platz bietet 175 Zimmer und Suiten sowie ein Fitnesscenter. Die Zimmer sind luxuriös und komfortabel. Die Restaurants, Bars und Cafés des Hauses ziehen Besucher und Einheimische an. ✆ Cumhuriyet Cad, Elmadağ • Karte B5 • (0212) 315 55 00 • www.divan.com.tr • $$$$

2 Taxim Suites, Taksim

Die 17 Suiten sind äußerst geräumig. Der Service ist umfassend. Die Einzelzimmer sind bei gleichem Standard preiswerter als in Fünf-Sterne-Hotels. Das Hotel liegt am Taksim-Platz, den zahlreiche Restaurants säumen. ✆ Cumhuriyet Cad 31 • Karte B5 • (0212) 254 77 77 • www.taximsuites.com • $$$$

3 Mövenpick Hotel Istanbul, Levent

Das auf dem Hügel gelegene Hotel verfügt über 249 Zimmer und Suiten. Es bietet eine herrliche Aussicht, gute Bars und Restaurants sowie ein Fitnesscenter. Der Service ist tadellos. In dem beliebten Café werden Schokolade, Kuchen und Mövenpick-Eiscreme angeboten. ✆ Büyükdere Cad, 4. Levent • Karte U3 • (0212) 319 29 29 • www.moevenpickhotels.com • $$$$

4 Radisson SAS Bosphorus Hotel, Ortaköy

Das Hotel in dem malerischen Dorf Ortaköy besitzt eine wunderbare Lage am Bosporus. Von dem Terrassenrestaurant haben Gäste eine fantastische Aussicht auf die Meerenge. Die 120 Zimmer sind modern eingerichtet. Zu Stoßzeiten nimmt die Taxifahrt in das Stadtzentrum viel Zeit in Anspruch. ✆ Çırağan Cad 46 • Karte U4 • (0212) 310 15 00 • www.radissonsas.com • $$$$

5 Polat Renaissance, Yeşilyurt

Das luxuriöse Hotel nahe dem Flughafen und dem World Trade Center Istanbuls besitzt 416 Zimmer. Es gibt einen Pool, vornehme Restaurants, Bars und Cafés sowie gute Business-Einrichtungen. ✆ Sahilyolu Cad • (0212) 414 18 00 • www.polatrenaissance.com • $$$$

6 Marmara Istanbul, Taksim

Das moderne Hotel am Taksim-Platz verfügt über 377 komfortabel eingerichtete Zimmer mit Aussicht, ein Fitnesscenter, Freibad, hamam und erstklassige Restaurants. ✆ Taksim Meydanı • Karte L4 • (0212) 251 46 96 • www.themarmarahotels.com • $$$$$

7 Best Western Eresin Taxim Hotel, Taksim

In dem Vier-Sterne-Hotel sind Kissen für Allergiker erhältlich. Von den 70 Zimmern und Suiten bieten einige drei Betten. In der Loungebar wird abends Live-Pianomusik gespielt. ✆ Topçu Cad 16 • Karte B5 • 0212 256 08 03 • www.eresintaxim.com.tr • $$$

8 Swissôtel Bosporus, Maçka

Das auf dem Hügel gelegene Hotel mit 585 Zimmern bietet Blick auf den Bosporus, einige Suiten, ein Spa, Läden, Restaurants und einige Bars im Dachgeschoss. ✆ Bayıldım Cad 2 • Karte C5 • (0212) 326 1100 • www.istanbul.swissotel.com • $$$$$

9 Ataköy Marina Hotel

Das Hotel liegt acht Kilometer vom Flughafen Atatürk entfernt am Ufer des Marmarameers im Stadtteil Bakırköy. Es bietet Tennisplätze, einen Swimmingpool und Konferenzräume. Ein Shuttlebus fährt in das zehn Kilometer entfernte Sultanahmet. ✆ Sahilyolu • (0212) 560 41 10 • www.atakoymarinahotel.com.tr • $$$$$

10 Hilton Hotel, Harbiye

Das vornehme Hotel mit 498 Zimmern liegt nahe Taksim und den Geschäftsvierteln Istanbuls. Es bietet ein Fitnesscenter, Tennisplätze, zwei Pools, ein hamam sowie Konferenzräume. ✆ Cumhuriyet Cad • Karte B5 • (0212) 315 60 00 • www.hilton.com • $$$$$

Hotel-Tipps **siehe S. 110**

Links **Hotel Empress Zöe** Mitte **Mavi Ev** Rechts **Yeşil Ev**

TOP 10 Hotels mit Charme, Sultanahmet

1 Yeşil Ev
Die 19 Zimmer der renovierten Villa sind unterschiedlich groß. Sie sind alle mit Antiquitäten eingerichtet. Die meisten Zimmer gehen zum Garten hinaus. ✆ *Kabasakal Cad 5 • Karte R5 • (0212) 517 67 86 • www.hotelyesilev.com • $$$$*

2 Ayasofya Konakları
Das älteste der Hotels in Sultanahmet mit besonderem Charakter besteht aus neun restaurierten Häusern. Es verfügt über 64 Zimmer. Das Café und das Restaurant sind gute Raststationen auf dem Weg zwischen Topkapı-Palast und Archäologischem Museum. ✆ *Soğukçeşme Sok • Karte R4 • (0212) 513 36 60 • www.ayasofyakonaklari.com • $$$*

3 Hotel Dersaadet
Das osmanische Haus trägt den Namen »Ort der Freude und Schönheit« zu Recht. Es liegt am Fuß des Hügels hinter dem Sultanahmet-Platz beim Hippodrom. Alle 17 Zimmer bieten Blick auf die Altstadt und das Meer. ✆ *Küçük Ayasofya Cad, Kapıağası Sok 5 • Karte Q6 • (0212) 458 07 60/1 • www.hoteldersaadet.com • $$$*

4 Hotel Empress Zöe
Die wunderbare Anlage besteht aus um einen Garten und die Ruinen eines Badehauses aus dem 15. Jahrhundert gruppierten historischen Häusern. Kaiserin Zöe *(siehe S. 37)* soll hier gelebt haben. Die Einrichtung der 25 Zimmer und Suiten ist türkischen Stils. ✆ *Akbıyık Cad, Adliye Sok 10 • Karte R5 • (0212) 518 43 60/25 04 • www.emzoe.com • $$$*

5 Mavi Ev
Das Hotel liegt in einer ruhigen Straße hinter dem Arasta-Basar. Die Stille wird nur von dem Ruf des Muezzin und den im Restaurant gegenüber auftretenden tanzenden Derwischen durchbrochen. Alle 27 Zimmer bieten wunderbaren Blick auf die Blaue Moschee (Sultan Ahmet Camii). ✆ *Dalbastı Sok 14 • Karte R5 • (0212) 638 90 10 • www.bluehouse.com.tr • $$$$*

6 Acropol Hotel
Die 28 Zimmer des renovierten osmanischen Hauses besitzen Holzböden und bemalte Decken, Doppelfenster und WLAN. Von dem Restaurant im fünften Stock bietet sich eine schöne Aussicht. Der Transfer zum Flughafen ist kostenlos. ✆ *Akbıyık Cad 25 • Karte R5 • (0212) 638 90 21 • www.acropolhotel.com • $$$*

7 Hotel Kybele
Das gemütliche Hotel in Familienbesitz nahe Divanyolu ist eine Schatzkammer türkischer Geschichte: Die 16 Zimmer, Gemeinschaftsräume und den Garten schmücken Hunderte Lampen und andere osmanische Antiquitäten. ✆ *Yerebatan Cad 35 • Karte R4 • (0212) 511 77 66/7 • www.kybelehotel.com • $$$*

8 Arena Hotel
Das Hotel in einer Gasse hinter dem Sultanahmet-Platz war einst das Privathaus des Besitzers. Es steckt voller Erinnerungen. Die 27 geräumigen Zimmer und Suiten bieten Blick auf das Meer. ✆ *Küçükayasofya Mah, Şehit Mehmet Paşa Yokuşu, Uçler Hamam Sok 13–15 • Karte P6 • (0212) 458 03 64 • www.arenahotel.com • $$$*

9 Sarı Konak Oteli
Die Betreiber des Hotels mit 19 Zimmern möchten »ein Zuhause fern der Heimat« bieten. Das Café bietet Panoramasicht. Das Frühstück wird im byzantinischen Innenhof serviert. Bei Barzahlung gibt es zehn Prozent Rabatt. ✆ *Mimar Mehmet Ağa Cad 42–46 • Karte R5 • (0212) 638 62 58 • www.sari konak.com • $$$*

10 Sarnıç Hotel
Das Hotel hinter der Blauen Moschee bietet 16 Zimmer und ein Restaurant auf der Dachterrasse. Gäste können die unter dem Hotel befindliche byzantinische Zisterne *(sarnıç)* aus dem 5. Jahrhundert besichtigen. Es werden türkische Kochkurse angeboten. ✆ *Küçük Ayasofya Cad 26 • Karte Q6 • (0212) 518 23 23 • www.sarnichotel.com • $$*

Wenn nicht anders angegeben, akzeptieren die Hotels Kreditkarten und bieten Zimmer mit Bad, Klimaanlage sowie Internet-Zugang.

Preiskategorien

Preis für ein Standard-Doppelzimmer pro Person, mit Frühstück (falls inklusive), Steuern und Service.	**$**	unter 70 YTL
	$$	70–120 YTL
	$$$	120–270 YTL
	$$$$	270–450 YTL
	$$$$$	über 450 YTL

Hotel Kariye, Edirnekapı

TOP10 Hotels mit Charme, Umland

1 Anemon Galata, Beyoğlu

Das in einer renovierten Art-Nouveau-Villa untergebrachte Hotel mit 27 Zimmern liegt wenige Gehminuten von der Bar- und Shopping-Meile Beyoğlus entfernt. ✆ *Büyük Hendek Cad 5, Kuledibi • Karte F2 • (0212) 293 23 43 • www.anemonhotels.com • $$$$*

2 Antik Hotel

Das um eine 1500 Jahre alte Zisterne angelegte komfortable Hotel bietet schöne Aussicht auf das Marmarameer. In der Zisterne ist ein beliebter Club untergebracht. ✆ *Ordu Cad, Sekbanbaşı Sok 10 • Karte M4 • (0212) 638 58 58 • www.antik-hotel.com • $$$*

3 Hotel Kariye, Edirnekapı

Das in einer Ende des 19. Jahrhunderts errichteten Holzvilla untergebrachte Hotel besitzt 27 Zimmer und Suiten. Die Ausstattung ist modern. Der Garten bietet Blick auf das Goldene Horn ✆ *Kariye Camii Sok 6 • Karte J3 • (0212) 631 81 11 • www.kariye otel.com • $$$*

4 Barceló Saray, Beyazıt

Das elegante, komfortable Boutique-Hotel mit 96 Zimmern befindet sich in unmittelbarer Nähe des Großen Basars. Die Lage ist ideal für Shopping-Begeisterte und für Besucher, die im Trubel der Stadt eine Oase der Ruhe suchen.
✆ *Yeniçeriler Cad 85 • Karte N4 • (0212) 458 98 00 • www.barcelosaray.com • $$$*

5 Vardar Palace Hotel, Taksim

Der 1901 errichtete Palast wurde 1989 in ein Hotel mit 40 geräumigen Zimmern umgewandelt. Foyer und Gemeinschaftsräume sind in seldschukischem Stil eingerichtet. Die Aussicht von der Dachterrasse ist fantastisch. Im Erdgeschoss befindet sich ein gutes Restaurant. ✆ *Sıraselviler Cad 16 • Karte L4 • (0212) 252 2888 • www.vardarhotel.com • $$*

6 Eklektik Guesthouse, Galata

Das in einem osmanischen Gebäude untergebrachte außergewöhnliche Gästehaus besitzt sieben Zimmer. Sie sind in verschiedenen Stilrichtungen gehalten – vom Retrostil der 1960er Jahre bis hin zum Kolonialstil.
✆ *Kadribey Cikmazi 4, Serdari Ekrem Cad • Karte F2 • (0212) 243 74 46 • www.okloktikgalata.com • $$*

7 Hotel Villa Zurich, Cihangir

Das wenige Schritte vom Taksim-Platz entfernt gelegene Hotel besitzt 42 Zimmer und eine Frühstücksterrasse mit herrlicher Aussicht auf den Bosporus. ✆ *Akarsu Yokusu Cad 36/36A • Karte G2 • (0212) 293 06 04 • www.hotelvillazurich.com • $$*

8 Sumahan Hotel, Çengelköy (asiatische Seite)

Die alte *Rakı*-Brennerei auf der asiatischen Seite des Bosporus wurde in ein nettes Hotel mit 18 Zimmern umgestaltet. Es gilt als bestes der kleinen Hotels in Istanbul. Das abseits der Hauptattraktionen gelegene Haus ist ein romantisches Refugium. ✆ *Kuleli Cad 51 • Karte U4 • (0216) 422 80 00 • www.sumahan.com • $$$$$*

9 Turquhouse, Pierre Loti

Das Hotel nimmt das gesamte Gelände auf dem Hügel hinter dem Pierre Loti Café ein. Die Aussicht auf das Goldene Horn ist herrlich. Unter den 67 Zimmern in den restaurierten osmanischen Häusern sind auch Dreibett- und Familienzimmer. Das Hotel besitzt eine überwiegend türkische Kundschaft.
✆ *Merkez Mahallesi İdris Köşkü Cad, Eyüp, Pierre Loti Tepesi Tesisleri • Karte A4 • (0212) 497 13 13 • www.turquhouse.com • $$$*

10 Bebek Hotel, Bosporus

Einst bewunderten vornehme Besucher in dem Hotel ihre schwimmenden Paläste. Die 21 Zimmer wurden modernisiert. Das Hotel ist heute noch luxuriös. Nachteilig ist das hohe Verkehrsaufkommen Richtung Zentrum. ✆ *Cevdetpaşa Cad 34, Bebek • Karte U4 • (0212) 358 20 00 • www.bebekhotel.com.tr • $$$$*

➤ *1 YTL (Neue Türkische Lira) entspricht 0,50 Euro.*

Links **Side Hotel & Pension** Mitte **Apricot Hotel** Rechts **Büyük Londra**

TOP 10 Preiswert & Selbstversorger

1 Naz Wooden House Inn, Sultanahmet

Das preiswerte B&B in einem Holzhaus liegt mitten in der Altstadt. Die sieben Zimmer sind einfallsreich dekoriert. Die Aussicht von der Dachterrasse ist atemberaubend. ⌖ *Akbıyık Değirmeni Sok 7 • Karte R6 • (0212) 516 71 30 • www.nazwooden houseinn.com • $*

2 Apricot Hotel, Sultanahmet

Das Hotel befindet sich in einem renovierten osmanischen Haus. Es besitzt Holzböden und -decken. Die Einrichtung ist traditionell. Sechs der 24 Zimmer sind mit Jacuzzi oder türkischem Bad ausgestattet. Im Sommer wird auf der Terrasse gegrillt. ⌖ *Amiral Tafdil Sok 18 • Karte R5 • (0212) 638 16 58 • www. apricothotel.com • $*

3 Side Hotel & Pension, Sultanahmet

Gäste können zwischen Zimmern mit vollem Hotelservice, zwei Selbstversorgerapartments und einer einfachen Pension wählen. Die Zimmer sind entweder klimatisiert oder mit Ventilator ausgestattet, Apartments und Pension sind nicht klimatisiert. Die Lage direkt neben der Hagia Sophia (Aya Sofya) und die Aussicht von der Dachterrasse sind fantastisch. ⌖ *Utangaç Sok 20 • Karte R5 • (0212) 517 22 82 • www.sidehotel.com • $$*

4 Büyük (Grand) Londra, Beyoğlu

Das Hotel ist leger und besitzt eine einladende Atmosphäre. Die Zimmer sind preiswert. In dem seit 1900 bestehenden Haus waren Ernest Hemingway und andere Schriftsteller bereits Gäste. Szenen des Spielfilms *Gegen die Wand* wurden hier gedreht. Einige der originell eingerichteten Zimmer bieten Aussicht auf das Goldene Horn. ⌖ *Meşrutiyet Cad 53 • Karte J5 • (0212) 245 06 70 • www.londrahotel.net • $$*

5 Galata Residence Hotel, Karaköy

Die 22 Apartments in der großen Villa aus dem 19. Jahrhundert, die einst im Besitz der Camondo-Familie war, sind mit Küche, Bad, Klimaanlage und Fernseher ausgestattet. Sie werden täglich gereinigt. Im Keller befindet sich eine Bar. Die Aussicht von dem Restaurant im obersten Stockwerk ist herrlich. ⌖ *Bankalar Cad, Felek Sok • Karte F3 • (0212) 252 60 62 • www. galataresidence.com • $*

6 Hotel Sultanahmet, Sultanahmet

Das preiswerte Hotel ist sehr beliebt. Es bietet eine gute Grundausstattung. Die Zimmer sind gepflegt, das Personal ist freundlich. ⌖ *Divanyolu Cad 20 • Karte Q4 • (0212) 527 02 39 • www.hotelsultan ahmet.com • $*

7 Istanbul Holiday Apartments

Die vier restaurierten Gebäude – zwei liegen nahe dem Galata-Turm, eines in Cihangir und eines bei Beşiktaş – bieten mehrere Apartments für bis zu sechs Personen. ⌖ *Karte F3, Karte G2, Karte C5 • (0212) 251 85 30 • www. istanbulholidayapartments. com • $$*

8 Hotel Bulvar Palast, Saraçhane

Das Vier-Sterne-Hotel bietet ein hervorragendes Preis-Leistungs-Verhältnis. Es liegt günstig beim Großen Basar. Die 70 Zimmer und zehn Suiten sind komfortabel und gut ausgestattet. Auf Wunsch gibt es einen kostenlosen Flughafentransfer. ⌖ *Atatürk Bulvarı 152 • Karten D5 • (0212) 528 58 81 • www. hotelbulvarpalas.com • $$*

9 Şebnem Hotel, Sultanahmet

Das einladende kleine Gästehaus besitzt 15 einfach eingerichtete Zimmer. Darunter sind ein Dreibett- und ein Familienzimmer. ⌖ *Adliye Sok 1 • Karte S5 • (0212) 517 66 23 • www. sebnemhotel.net • $*

10 Hotel the Pera Hill, Beyoğlu

Die Zimmer sind von annehmbarer Größe und einfach eingerichtet. Das Hotel besitzt eine gute Lage nahe Beyoğlu. ⌖ *Meşrutiyet Cad 39 • Karte J5 • (0212) 245 66 06 • www. hoteltheperahill.com • $*

Wenn nicht anders angegeben, akzeptieren die Hotels Kreditkarten und bieten Zimmer mit Bad, Klimaanlage sowie Internet-Zugang.

Preiskategorien

Preis für ein Standard-Doppelzimmer pro Person, mit Frühstück (falls inklusive), Steuern und Service.	
$	unter 70 YTL
$$	70–120 YTL
$$$	120–270 YTL
$$$$	270–450 YTL
$$$$$	über 450 YTL

Splendid Palace, Büyükada (Prinzeninseln)

TOP 10 Hotels außerhalb der Stadt

1 Splendid Palace Hotel, Büyükada (Prinzeninseln)

Das vornehme Belle-Époque-Hotel von 1908 kennzeichnet ein Touch Art Nouveau. Es besitzt einen Innenhof. Die 70 Zimmer und vier Suiten haben Balkone. Die Aussicht ist herrlich. ◎ *23 Nisan Cad 53 • (0216) 382 69 50 • www. splendidhotel.net • $$*

2 Merit Halki Palace, Heybeliada (Prinzeninseln)

Von der Terrasse des Restaurants und den Balkonen genießen Gäste eine fantastische Aussicht auf Heybeliada und das Marmarameer. ◎ *Refah Şehitleri Cad 94 • (0216) 351 00 25 • www.halki palacehotel.com • $$$*

3 Anzac Hotel, Çanakkale

Das Hotel bietet exzellenten Service. Es ist für Ausflüge nach Troja und Gallipoli günstig gelegen. Das Haus verfügt über 25 Zimmer und ein Restaurant. Die Bar auf der Dachterrasse ist im Sommer in Betrieb. ◎ *Saat Kulesi Meydanı 8 • (0286) 217 11 11 • www.anzachotel.com • $$*

4 Hotel Akol, Çanakkale

Der moderne Hotelturm mit Blick auf das Wasser steht im Stadtzentrum. Der freundliche Service entschädigt für die nüchterne Atmosphäre. Das Restaurant ist wenig at-traktiv, serviert jedoch gute Gerichte. Es gibt eine Bar auf der Dachterrasse und einen Swimmingpool. Die Balkone der komfortablen Zimmer bieten eine fantastische Aussicht. ◎ *Kordon Boyu Cad • (0286) 217 94 56 • www. hotelakol.com • $$$*

5 Otantik Club Hotel, Bursa

Das Hotel in einem renovierten osmanischen Kaufmannshaus ist eine grüne Oase inmitten der belebten Straßen von Bursa. Die 29 geräumigen Zimmer sind im osmanischen Stil eingerichtet. ◎ *Botanik Parkı, Soğanli • (0224) 211 32 80 • www.otantikclub hotel.com • $$$*

6 Safran Hotel, Bursa

Die Einrichtung der zehn Zimmer der safrangelben osmanischen Villa ist funktional und modern. Die Lage im Zentrum der Altstadt ist hervorragend. Im Restaurant wird abends oft Live-Musik gespielt. ◎ *Ortapazar Cad, Arka Şok 4, Tophane • (0224) 224 72 16/7 • safran_hotel@yahoo com • $*

7 Polka Country Hotel, Polonezköy

Das Hotel im Stil eines polnischen Jagdschlosses erinnert an das europäische Erbe des Dorfs. Es besitzt Balkendecken, gebohnerte Böden und gemütliche Sessel. An den Wänden sind Trophäen ausgestellt. Es gibt 15 Zim-mer, eine Café-Bar, ein Restaurant und eine Sauna. Das Hotel ist für einen Wochenendaufenthalt ideal. ◎ *Cumhuriyet Yolu 36 • (0216) 423 32 20/1 • www.polkahotel.com • $$*

8 Iznik Foundation Guesthouse, İznik

Die Besitzer dieses einfachen, aber komfortablen Gästehauses sind zugleich Förderer von Izniks Keramiktradition. Es stehen zehn Zimmer zur Verfügung. ◎ *Sahil Yolu Vakıf Sok 13 • (0224) 757 60 25 • www.iznik.com • $$*

9 Rüstem Paşa Kervansaray, Edirne

Das Gästehaus aus dem 16. Jahrhundert ist das älteste in Edirne. Es wurde von Sinan (siehe S. 21) für Rüstem Paşa, Großwesir Suleimans des Prächtigen, gebaut. Das Haus ist stimmungsvoll, wenngleich eher spartanisch als luxuriös. Dicke Steinmauern sorgen im Sommer für Kühle, im Winter aber für Kälte. Im Kamelhof kann man gut entspannen. ◎ *Iki Kapılı Han Cad 57 • (0284) 212 61 19 • $$*

10 Fener Motel, Şile, Schwarzes Meer

Das attraktive, moderne Resorthotel in einem niedrigen Gebäude am Strand hat 27 einfache, aus Naturstein gebaute Zimmer, eine Veranda und einen Campingplatz. ◎ *Balibey Mah, Aglayan Kaya Cad 6, Şile • (0216) 711 28 24 • www.fenermotel.com • $*

Hotel-Tipps siehe S. 110

Textregister

Fett gedruckte Seitenangaben beziehen sich auf Haupteinträge.

Danksagung & Bildnachweis

Autorin
Melissa Shales ist preisgekrönte Reisebuchautorin. Sie trägt bisher an über 100 Reiseführern als Autorin und Redakteurin Anteil. Sie schrieb viele Beiträge für Reisemagazine. Sie war Redakteurin der Zeitschrift *Traveller* und von 2004 bis 2006 Vorsitzende der British Guild of Travel Writers.

Die Autorin bedankt sich bei den folgenden Personen und Institutionen für ihre großzügige Unterstützung, Mühe und Geduld bei den Recherchen zu diesem Buch: Turkish Tourist Office, Joanna Marsh in London, İlginay Altuntaş in Istanbul, Emma Levine sowie Victoria Gooch.

Editorial Director Chris Barstow
Designer Ian Midson
Copy Editor Charles Phillips
Fact Check Arzu Bölükbaşı
Editorial Consultant Fay Franklin
Proofreader Anthony Mason
Fact Checker Arzu Bölükbaşı
Indexer Hillary Bird
Main Photographer Antony Souter
Additional Photography Philip Entickna, Izzet Keribar, Linda Whitwam, Francesca Yorke
Illustrator Chapel Design & Marketing
Maps Simonetta Giori, Dominic Beddow (Draughtsman Ltd.).

FÜR DORLING KINDERSLEY
Publisher Douglas Amrine
Publishing Manager Christine Stroyan
Senior Art Editor Maite Lantaron
Senior Cartographic Editor Casper Morris
DTP Designer Natasha Lu
Production Controller Elizabeth Warman

Design & Editorial Assistance
Emma Anacootee, Şebnem Atılgan, Jennifer Barnes Eliot, Nicola Erdpresser, Claire Jones, Helen Partington.

Bildnachweis
o=oben, ol=oben links; olm=oben links Mitte; om=oben Mitte; or= oben rechts; mlo=Mitte links oben; mo=Mitte oben; mro=Mitte rechts oben; ml=Mitte links; m=Mitte; mr= Mitte rechts; mlu=Mitte links unten; mu=Mitte unten; mru=Mitte rechts unten; ul=unten links, u=unten; um=unten Mitte; uml=unten Mitte links; ur=unten rechts; d=Detail.

Wir haben uns bemüht, alle Urheber zu ermitteln, und entschuldigen uns für eventuelle unbeabsichtigte Auslassungen. Entsprechende Angaben holen wir gern in künftigen Auflagen nach.

DORLING KINDERSLEY dankt folgenden Personen, Institutionen und Bilddatenbanken für die freundliche Genehmigung, Bilder zu reproduzieren:

Atlantide Photo Travel: Massimo Borchi 30f; AXIOM Photographic Agency: 54f; Bridgeman Art Library: 32 ul, 33ur; Mahmut Ceylan: 47o; 4Corners Images: 64f; Galeri Kayseri: 105ol; Getty Images/Hulton Archive: 32or, 33ul; Gökhan Kali: 46o; İzzet Keribar: 100f; Esber Metin: 46ur; Aylin Özmete: 46m; Pera Palace: 79or; Sonia Halliday Photographs: Topkapı-Palast 11 ul; Star Gazete: Murat Duzyol 109ol.

Umschlag: Vorderseite: Tony Souter ul; SuperStock: Hauptbild: Age Fotostock. Buchrücken: DK Images: Linda Whitwam u. Rückseite: DK Images: Tony Souter ol; Linda Whitwam om; Francesca Yorke or.

Alle anderen Bilder © Dorling Kindersley. Weitere Informationen unter **www.dkimages.com**

Sprachführer

Aussprache
Das Türkische benutzt das römische Alphabet mit 29 Buchstaben. Es gibt acht Vokale und 21 Konsonanten. Besonderheiten der Aussprache: c wird simmhaft wie »dsch« artikuliert; ç wird wie »tsch« ausgesprochen; ğ dient ähnlich dem deutschen »h« als Verlängerung eines Vokals; ı ist ein fast stummes »öh«; ş wird wie »sch« artikuliert.

Im Notfall
Hilfe!	**İmdat!**
Rufen Sie einen Arzt!	**Bir doktor çağrın!**
Rufen Sie die Feuerwehr!	**Bir ambulans çağrın!**
Rufen Sie die Polizei!	**Polis çağrın!**
Feuer!	**Yangın!**
Wo ist das nächste Telefon / Krankenhaus?	**En yakın telefon /hastanenerede?**

Nützliche Wörter & Sätze
Ja	**Evet**
Nein	**Hayır**
Danke	**Teşekkür ederim**
Bitte	**Lütfen**
Verzeihung	**Affedersiniz**
Hallo	**Merhaba**
Auf Wiedersehen	**Hoşça kalının**
Vormittag	**Sabah**
Nachmittag	**Öğleden sonra**
Abend	**Akşam**
Gestern	**Dün**
Heute	**Bugün**
Morgen	**Yarın**
Hier	**Burada**
Dort	**Şurada**
Was?	**Ne?**
Wann?	**Ne zaman?**
Wo?	**Nerede**

Nützliche Redewendungen
Es freut mich, Sie kennenzulernen.	**Memnun oldum**
Wo ist /Wo sind…?	**…nerede?**
Wie weit ist es bis…?	**…ne kadar uzakta?**
Sprechen Sie Englisch?	**İngilizce biliyor musunuz?**
Ich verstehe nicht.	**Anlamıyorum**
Können Sie mir helfen?	**Bana yardım edebilir misiniz?**
Ich möchte nicht	**istemiyorum**

Nützliche Wörter
groß	**büyük**
klein	**küçük**
heiß	**sıcak**
kalt	**soğuk**
gut	**iyi**
schlecht	**kötü**
offen	**acık**
zu	**kapalı**
links	**sol**
rechts	**sağ**
nah	**yakın**
weit	**uzak**
oben	**yukarı**
unten	**aşağı**
früh	**erken**
spät	**geç**
Toiletten	**tuvaletler**

Shopping
Was kostet das?	**Bu kaç lira?**
Ich möchte…	**istiyorum**
Haben Sie…?	**…var mı?**
Akzeptieren Sie Kreditkarten?	**Kredi kartı kabul ediyor musunuz?**
Wann öffnen / schließen Sie?	**Saat kaçta açılıyor / kapanıyor?**
Dies	**bunu**
Das da	**şunu**
teuer	**pahalı**
billig	**ucuz**
Konfektionsgröße	**beden**
Schuhgröße	**numara**
weiß	**beyaz**
schwarz	**siyah**
rot	**kırmızı**
gelb	**sarı**
grün	**yeşil**
blau	**mavi**
braun	**kahverengi**
Laden	**dükkan**
Das ist mein letztes Wort.	**veremem**

Läden
Antiquitätenladen	**antikacı**
Bäckerei	**fırın**
Bank	**banka**
Buchladen	**kitapçı**
Konditorei	**pastane**
Apotheke / Drogerie	**eczaneh**
Gemüseladen	**manav**
Fischhändler	**balıkçi**
Metzger	**kasap**
Lederwarengeschäft	**derici**
Markt / Basar	**çarşı/pazar**
Zeitungskiosk	**gazeteci**
Post	**postane**
Schuhladen	**ayakabıcı**
Supermarkt	**süpermarkett**
Schneider	**terzi**
Reisebüro	**seyahat acentesi**

Sehenswürdigkeiten
Burg	**hisar**
Kirche	**kilise**
Fremdenverkehrsbüro	**turizm danişma bürosu**
Grabmal	**türbe**
Moschee	**cami**
Museum	**müze**
Palast	**saray**
Park	**park**
Platz	**meydan**
Information	**danişma**
Büro	**bürosu**
Theologische Zusage	**medrese**
Türkisches Bad	**hamam**
Turm	**kule**

Transport
Flughafen	**havaliman**
Reisebus	**otobüs**
Bushaltestelle	**otobüs durağı**
Reisebusbahnhof	**otogar**
Dolmuş	**dolmuş**
Preis	**ücret**

Fähre	**vapur**	kuzu eti	Lamm
Wasserbus	**deniz otobüsü**	lokum	Türkischer Nougat
Station	**istasyon**	maden suyu	Mineralwasser
Taxi	**taksi**	meyve suyu	Saft
Ticket	**bilet**	midye	Muscheln
Fahrkartenschalter	**bilet gişesi**	patlıcan	Aubergine
Fahrplan	**tarife**	peynir	Käse
		pilav	Reis
		piliç	Brathähnchen
Im Hotel		şarap	Wein
Haben Sie ein Zimmer?	**Boş odanız var mı?**	şeker	Zucker
Doppelzimmer	**iki kişilik bir oda**	su	Wasser
Zweibettzimmer	**çift yataklı bir oda**	süt	Milch
für eine Person	**tek kişilik**	tavuk	Hähnchen
Zimmer mit Bad	**banyolu bir oda**	tereyağı	Butter
Dusche	**duş**	tuz	Salz
Portier	**komi**	yoğurt	Joghurt
Schlüssel	**anahtar**	yumurta	Ei
Zimmerservice	**oda servisi**	zeytinyağı	Olivenöl
Ich habe reserviert.	**Rezervasyonum var.**		
Ist das Frühstück	**Fiyata kahvaltı**	**Zahlen**	
im Preis inbegriffen?	**dahil mi?**	0	**sıfır**
		1	**bir**
		2	**iki**
Im Restaurant		3	**üç**
Ich möchte einen	**Bir masa ayırtmak**	4	**dört**
Tisch reservieren.	**istiyorum.**	5	**beş**
Die Rechnung, bitte.	**Hesap lütfen.**	6	**altı**
Ich bin Vegetarier.	**Et yemiyorum.**	7	**yedi**
Restaurant	**lokanta**	8	**sekiz**
Kellner	**garson**	9	**dokuz**
Speisekarte	**yemek listesi**	10	**on**
Weinkarte	**şarap listesi**	11	**on bir**
Frühstück	**kahvaltı**	12	**on iki**
Mittagessen	**öğle yemeği**	13	**on üç**
Abendessen	**akşam yemeği yemeği**	14	**on dört**
Vorspeise	**meze**	15	**on beş**
Hauptgericht	**ana yemek**	16	**on altı**
Dessert	**tatlı**	17	**on yedi**
blutig	**az pişmiş**	18	**on sekiz**
ganz durch	**iyi pişmiş**	19	**on dokuz**
Glas	**bardak**	20	**yirmi**
Flasche	**şişe**	21	**yirmi bir**
Messer	**bıçak**	30	**otuz**
Gabel	**çatal**	40	**kırk**
Löffel	**kaşık**	50	**elli**
		60	**altmış**
		70	**yetmiş**
Auf der Speisekarte		80	**seksen**
badem	Mandel	90	**doksan**
balık	Fisch	100	**yüz**
bira	Bier	200	**iki yüz**
bonfile	Filet	1000	**bin**
buz	Eis	100 000	**yüz bin**
çay	Tee	1 000 000	**bir milyon**
çorba	Suppe		
dana eti	Kalb		
dondurma	Eiscreme	**Zeit**	
ekmek	Brot	eine Minute	**bir dakika**
et	Fleisch	eine Stunde	**bir saat**
fırında	Braten	eine halbe Stunde	**yarım saat**
fıstık	Pistazien	Tag	**gün**
gazoz	Sodagetränk	Woche	**hafta**
hurma	Datteln	Monat	**ay**
içki	Alkohol	Jahr	**yıl**
incir	Feigen	Sonntag	**pazar**
ızgara	gegrillt	Montag	**pazartesi**
kahve	Kaffee	Dienstag	**salı**
kara biber	Schwarzer Pfeffer	Mittwoch	**çarşamba**
karışık	gemischt	Donnerstag	**perşembe**
kaymak	Sahne	Freitag	**cuma**
kıyma	Hackfleisch	Samstag	**cumartesi**
köfte	Frikadellen		

Straßenverzeichnis (Auswahl)